バガボンド

インド・クンブメーラ 聖者の疾走

写真=名越啓介
文=近田拓郎

イースト・プレス

バガボンド

漂泊者。流浪の民。世捨て人。

インドを転がれ

　ある写真の大家は、撮影の原動力を「強迫観念」だと言った。その言葉が、いつも頭の片隅にこびり付いている。

　2006年、初対面の写真家・名越啓介を誘って、インドへ飛んだ。建前は、雑誌の取材。経費は自腹。何のプランもなかった。夢を語って、転がって、流されて、気づいたらネパールにいて、土下座して、笑った。

　2010年、ハリドワールに3泊4日の強行軍。狙うは、クンブメーラ……のはずが、リバーサイド・ガンジスは祭のあと。気温が50度に迫る、暑季のド真ん中。居残ったサドゥを探して東奔再走した。

　そして、2019年。久々、名越に声を掛けた。クンブメーラのリベンジ。確かに、それもある。雑誌のページにしたい。三度目の正直。しっかり結果を残さないと、写真家に対して失礼の極みだ。いや、根っこにあるものは違うだろ？

　爆発したかった。起きて、食べる。それ以外は、転がる。撮るために。見て、伝えるために。考えるな。感じろ。意識も肉体もぶっ飛ばされたい。インドに呑み込まれて、やってやる。

　クンブメーラが呼んでいた。聖地・サンガム、アラハバード。45日間の異界誕生。12年に一度、一億人が押し寄せる世界最大の祝祭。今度こそ、疾走する聖者の行進と激突したい。待ってろ、サドゥ。ナマステ、ジー。

　鼻息だけは、とにかく荒かった。写真家と、週刊誌の編集者。インドのことは、よくわからない。好きか、嫌いか。どっちもある。最低で、最高。混沌の向こう側。善悪を超えて、腹の底から笑える瞬間が、インドには確実にある。名越の写真を通じて、僕はそれを知った。

　休暇を利用した、長くて短い13日間。旅でも、取材でもない。合宿に臨む心意気で突っ込んできた。どこまで潜れたのか。それはきっと、写真が物語ってくれるはずだ。

　ロード・トゥ・クンブメーラ。今回に至るまでの軌跡。名越と僕が共に転がった2006〜2007年と2010年。加えて、南インドのサーカスを追った写真を中心に、名越が単独で撮りためたインド景。次は考えない。ここに、すべてを出し切る。

　初期衝動で踊った記憶が、いつかの背中を後押しする。

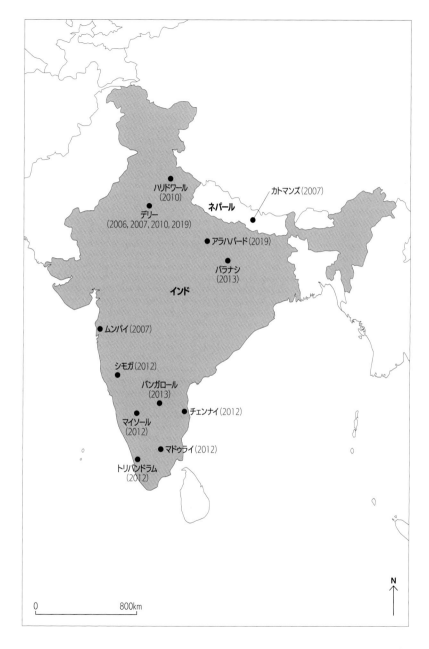

クンブメーラ (Kumbh Mela)

神話と現実が交差する異界。

インド古代の天地創造神話に基づくヒンドゥー教の祝祭。
中国の僧、玄奘(げんじょう)(『西遊記』三蔵法師のモデル)の『大唐西域記(だいとうさいいきき)』(646年)に
その記述があり、この時点で何世紀も前から実施されていたという。
クンブメーラとは、聖水を湛えた水がめ(クンブ)の祭(メーラ)の意。
アラハバード、ハリドワール、ナシック、ウッジャインの4都市を
3年周期で巡回する。故に、12年に一度の祭と表現されることが多い。
2019年は、ガンジスとヤムナー、神話上に存在したとされるサラスバティ。
3つの川の合流地点、聖地・サンガムを有するアラハバードで開催された。
アラハバードは4都市の中でも、圧倒的に巨大な規模と動員を誇る。
祭に集う巡礼者たちはまず、サンガム各所に設置された沐浴場を目指す。
期間中(1/15〜3/4)の沐浴は、一度で千回以上の価値があるとされる。
ハイライトは入浴の儀式だ。インド全土から集まったサドゥ*が
宗派やグループ毎に分かれて大行進。圧巻のパレードを繰り広げる。
現地では、期間中に一億人の巡礼者が押し寄せたと報道された。
2017年、ユネスコの世界無形文化遺産に登録。

* サドゥ
俗世間から離れたヒンドゥー教の修行者、ヨガの苦行者など。
総じて、インド社会における聖者の呼称。「ババ」、もしくは敬称の「ジー」を付けて、「ババ・ジー」と呼ばれる。

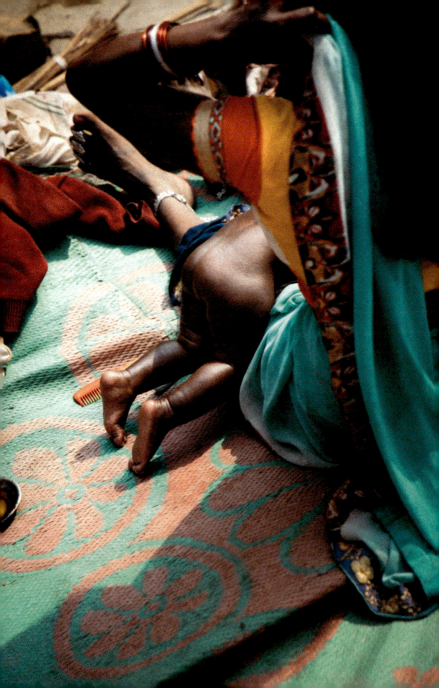

2019年2月4日　聖地・サンガムに集う巡礼者たち

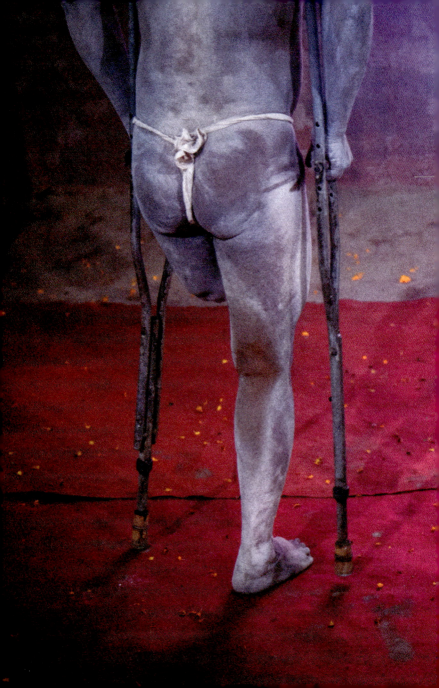

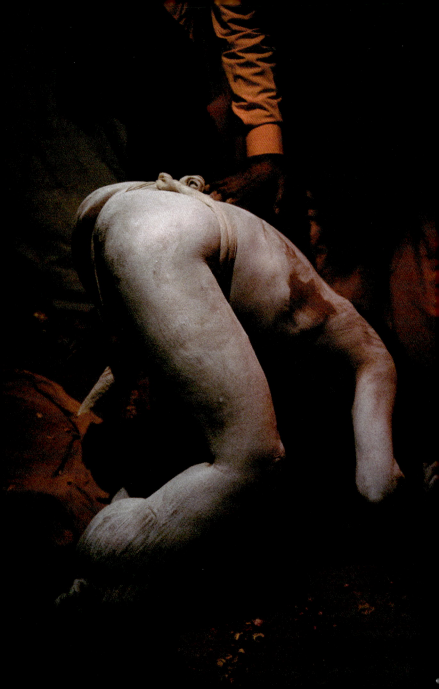

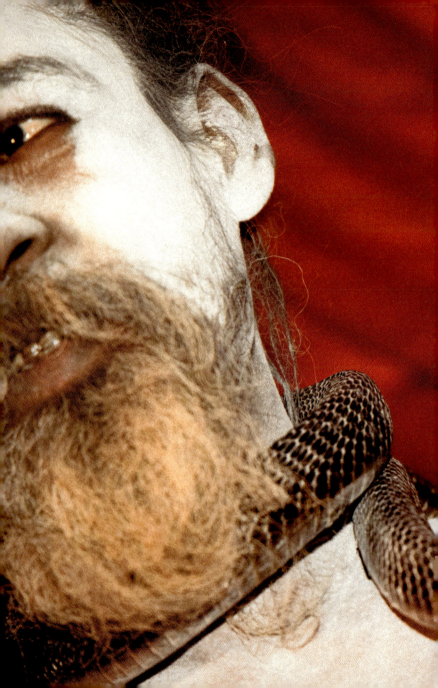

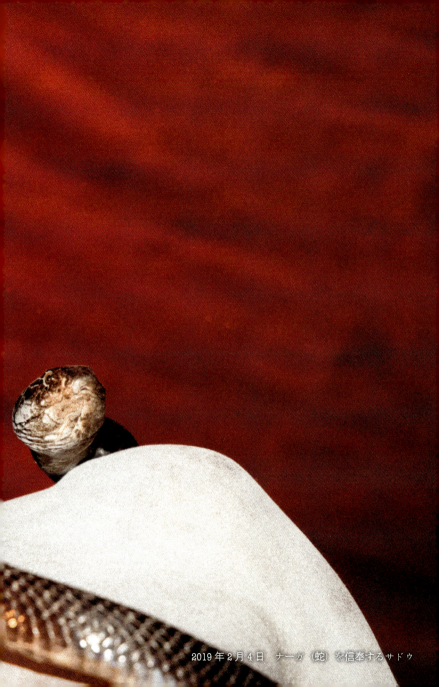
2019年2月4日　ナーガ（蛇）を信奉するサドゥ

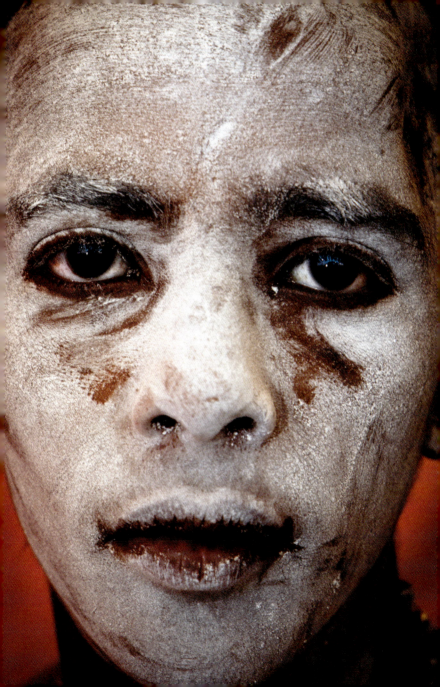

2019年2月9日　沐浴場を目指すサドゥの塊

2019年2月4日　山車が連なる入浴日のパレード

2019年2月9日 沐浴一発千回分

CONTENTS

VAGABOND 2006-2013
039

SADHU 108 2010
105

DAYS OF KUMBH MELA 2019
137

VAGABOND 2006-2013

バガボンドを追いかけて

デリー、カトマンズ、ムンバイ、チェンナイ、バンガロール、マイソール、シモガ、マドゥライ、トリバンドラム、バラナシ　2006年〜2013年

　共に転がりたい。写真家の、眼の先を知りたかった。週刊誌のグラビア班に配属されたばかりの青二才。僕は、初対面から5秒で名越に告げた。い、インド、行きません？

　行けば何とかなる。根拠なき自信と、海外ドキュメント記事への憧れと。刑務所なんてどうですか？スラムのギャングも撮りましょう。口八丁の勢い頼みで、飛んでインディア。2006〜2007の年末年始。「ハイ、ミスター。ドゥ、ユー、ノウ、プリズン？スラム？ギャング？サーカス？」。情報源は現地のリキシャーマン。導かれるままに、漂った。

　デリー中央刑務所の壁は高すぎた。スラムのギャングは、自称キリスト教徒の男前。握られたあの拳銃は、本物だったのか？僕らをカモと見て群がる、物売りのオールスターズ。靴磨き、髭剃り、花売り。少年少女のバクシーシ。カメラを向ければ、君こそ、スター。途中参戦。ピーナッツ売りのおじちゃんが、いい味出して、無言のモデル志望。

　「ミスター、ルック、アット、ザ、サン！」。名越の呼びかけに、瓶底メガネがキラリと光った。

　年が明けて、ネパールへ。再びの刑務所アタック。監視塔の最上階。西日が眩しい所長室で、二人揃って土下座した。困惑顔の所長さん。願いは叶わず、諦めて。向かった先は、マオイスト（共産ゲリラ）。ヒマラヤ山麓のキャンプ地では、予想外の大歓迎。ジェネラル（司令官）と呼ばれる男に、でたらめ英語でインタビュー。

　一週間の滞在は、行き当たりばったり。出たとこ勝負で、流れるままに。何とかなると勢い勇んで、何ともならなかった。もちろん、誌面にもならなかった。でも、これがすべてのはじまり。インドに種を蒔いてきた。

　名越がデリーで遭遇したサーカスは、旅芸人のユートピア。漂泊者(バガボンド)への憧れは尽きることがない。アメリカのスクワッター（不法占拠者）との路上生活が、彼を写真家にした原点だ。以降、名越は繰り返しインドを訪れた。2013年には、南インドでサーカスを追った。直当たりの一人旅。曰く、忍び込んで、つまみ出されて、また移動しての繰り返し。団員と仲良くなっても、オーナーに見つかって、「金のない奴は出て行け」と蹴り飛ばされた。

　ロード・トゥ・クンブメーラ。異界に続く、はじまりの景色。

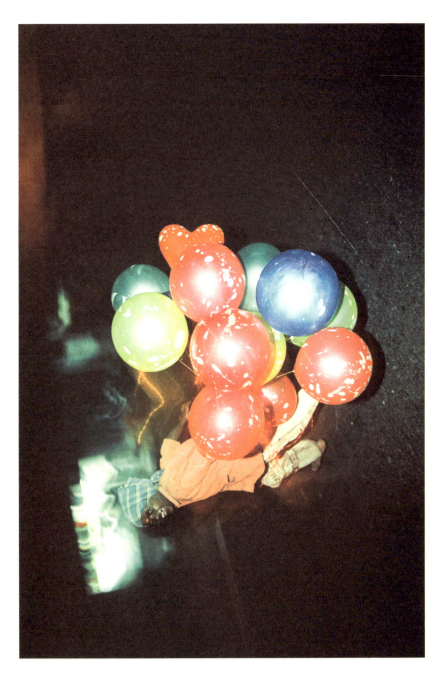

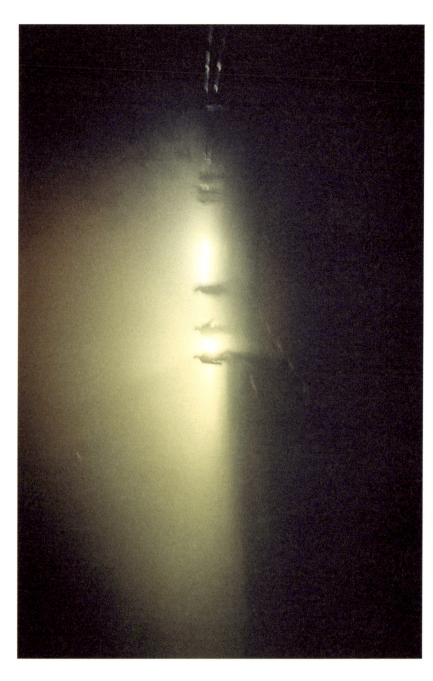

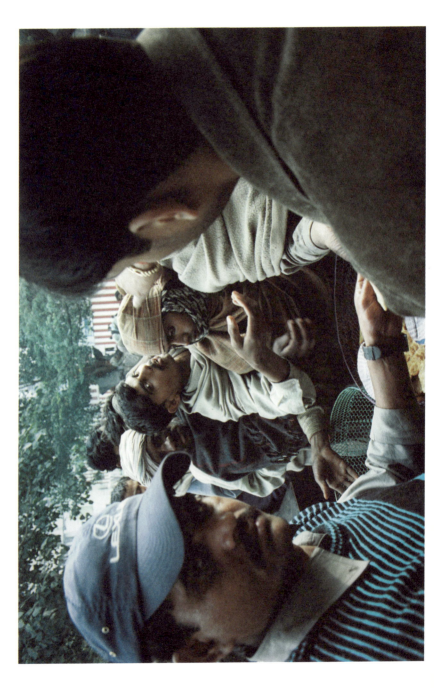

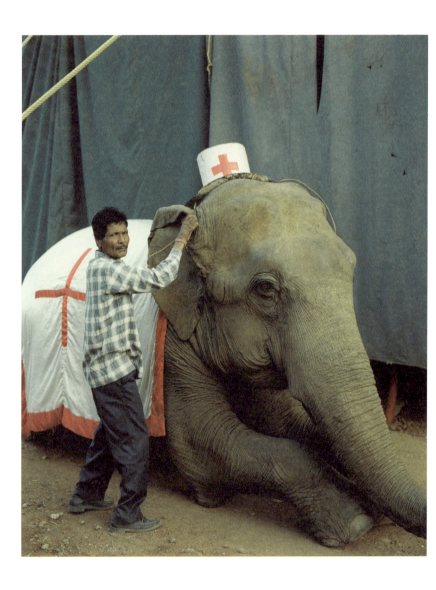

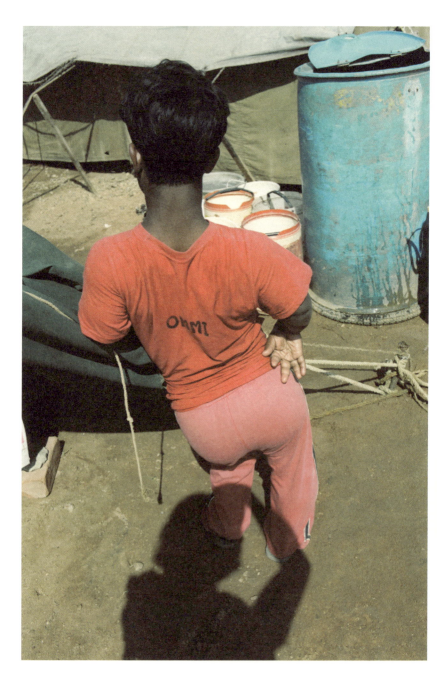

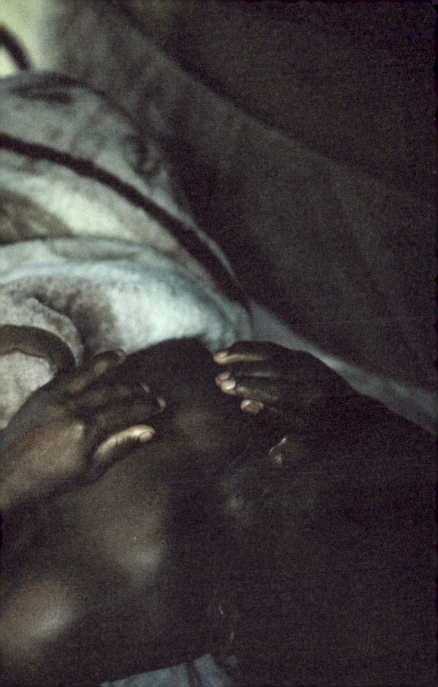

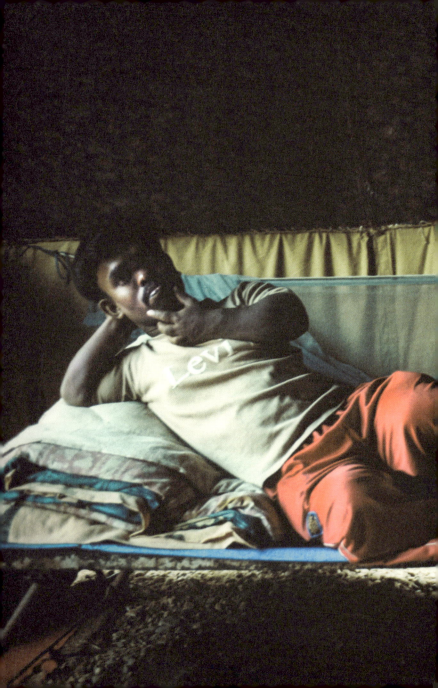

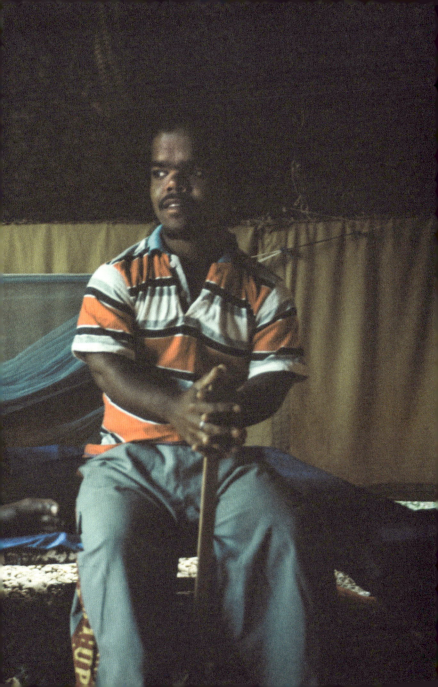

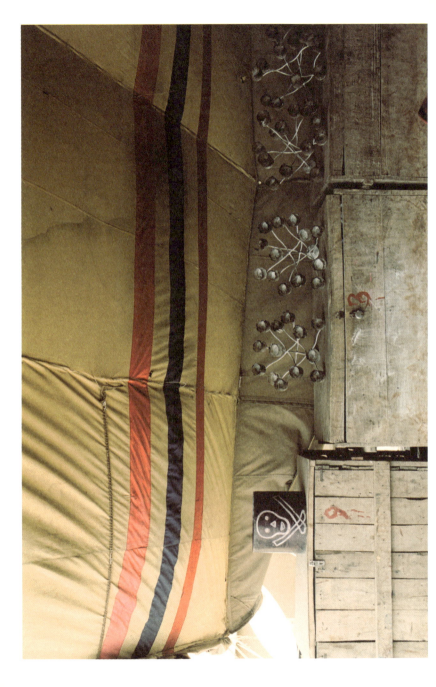

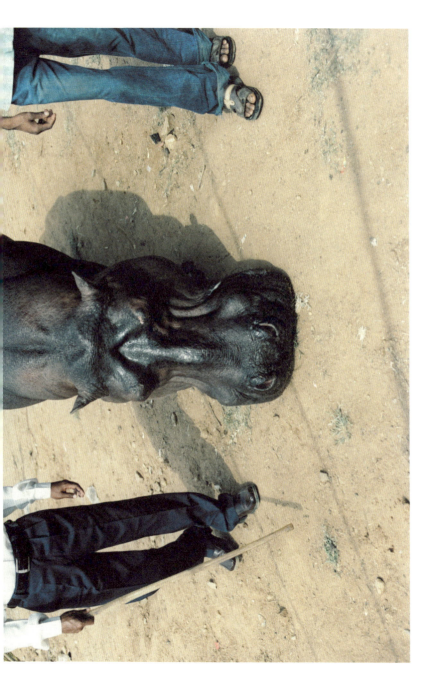

SADHU 108
2010

サドゥ×煩悩の数×白バック

ハリドワール　2010年4月26日〜29日

　GWの休暇を利用して、再び名越をインドへ誘った。狙うは、ハリドワールのクンブメーラ。サドゥの大行進を撮影できれば、今度こそ勝算あり。きっちり記事に仕上げられると目論んだ。

　結果、ハリドワールの美しい朝焼けに、己の迂闊さを悔やんだ。デリーから深夜、タクシーを飛ばして早朝。静か過ぎる夜明け。聖者が疾走する気配は、皆目なかった。

　ガンジス川沿い。ガート（階段状の沐浴場）に流れる空気は、祭のあと。期間中のハイライト。入浴の儀式は全日程を消化していた。完全なるリサーチ不足。巡礼者というより、観光に来た家族連れで賑わっていた。

　ハリドワールは、デリーからのアクセスが良い。よって、現地のインド人向けの日帰りツアーが大人気。ヨガで有名なリシュケシュ。その経由地としても知られる観光スポットである。

　滞在は3日間のみ。行進の撮影とは別で、用意した手持ちの白バック（白布）に一意専心。これを使って、サドゥのポートレートを撮りまくる。とことんまで追求する修行だと、覚悟した。

　白バックの狙いはこうなる。背景を淡白にして、個性をより引き立たせる。サドゥはファッション的な要素も色濃い。髪型から髭、装飾品、刻まれた肉体の年季まで。ディティールを、より強調できるはずだと考えた。

　目標は、煩悩の数。108人のサドゥ斬り。雑誌掲載のことを考えるのは止めた。というより、考える余裕もない状況と環境下。暑季のド真ん中。気温は50度に迫って、視界は蜃気楼のように揺れていた。

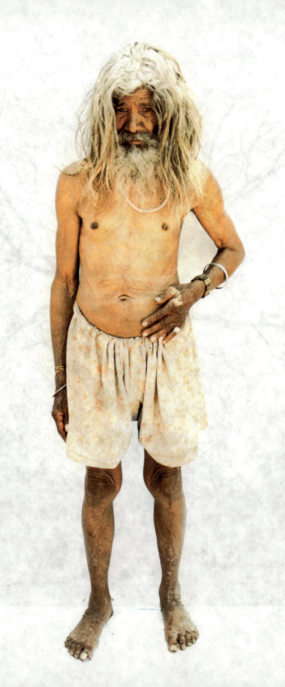

2010年4月26日。成田発。クアラルンプール経由デリー深夜着。120キロで駆けるアンバサダー。鳴り続けるクラクション。闇の追い越し。脳裏を過ぎる死。先の玉突き事故。絶望的な渋滞。運転手の機転。再びの追い越しクラクション祭。縮む寿命。無言の車内。朝焼けのハリドワール。聖地。ガンジス。ヒンドゥー。サドゥ。放浪の修行者。世捨て人。賢人。俗物。乞食。漂泊する人。12年に一度の大祭クンブメーラ。押し寄せる巡礼者。ガジュマルの樹に陣取るサドゥ御一行。白い人。黒い人。橙の人。赤い人。虹色の人。薄い人。濃い人。ヒップホップな人。肥えた人。痩せた人。食べる人。吸う人。太鼓を叩く人。お洒落な人。威嚇する人。動かない人。水を浴びる人。怒る人。笑う人。金をせびる人。髪の毛が長い人。髭が長い人。バイクに乗る人。男前の人。携帯で喋る人。寝続ける人。樹にぶら下がる人。昔は医者だと言う人。銀行員だった人。教師だった人。家族を捨てた人。弟子を連

れる人。ひと言も喋らない人。ハエにたかられる人
面白い人。ヨガのポーズをとる人。セックスの話
をする人。日本に行きたいという人。聖者の行進
リバーサイド。ストリートスナップ。6×7のネガ
フィルム。時々、3×5。もっと時々、6×7ポジ
オカダヤで購入した白布。インドで加工。裁縫屋
の若者の技。持ち運び万能白バック。夢遊病者の
4日間。風のないインド亜大陸。50度に迫る気温
干からびた汗と小便。コーラと水の消費量。カレー
らしき匂い。野良牛。野良犬。野良猿。野良山羊
物売りの老若男女。死人。列をなす乞食。バク
シーシ、バクシーシ。アルコールを持ち出してぶ
ん殴られる親父。せせら笑う野次馬。炒飯の優しさ
菜食主義の憂鬱。暴力的な芋料理。肉の渇望。人
生最大の下痢。原因不明の高熱。安宿で汚れたパ
ンツを洗う切なさ。帰国。あの4日間は何だった
のか、という疑問。残ったもの。白バックを立て
続けた記憶と、極度の筋肉痛。108枚の写真。最高

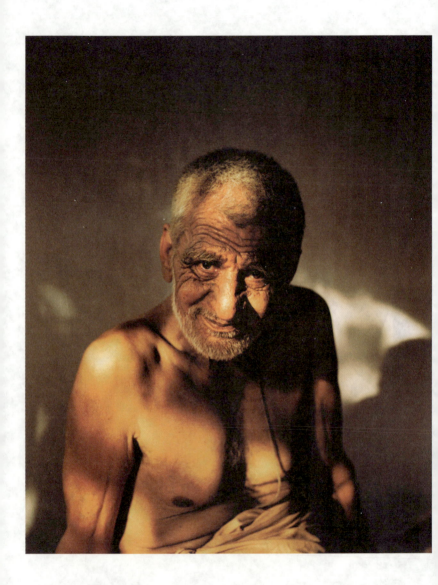

DAYS OF KUMBH MELA 2019

今、やれ。もう次はない。

東京　2018年末

　悶々としていた。

　編集者を志し、週刊誌のグラビア班に配属されて13年目。仕事は楽しい。グラビアの現場は刺激的だ。雑誌を超えた、新しい企画にも携わることできた。でも、ここ3年ほど、心の騒めきが治らない。

　そこに安穏としていて、いいのか？　お前が本当にやりたいことは何だ？　内なる問いは、日に日に大きくなって、抑えきれなくなっていた。

　立て続けに、母と父を亡くした影響もあるのかもしれない。

　3年前、母親は気を病んで自死した。与えられるだけで、何も与えられなかった後悔が、今も残る。

　そして昨年、1年半の闘病の末に父が逝った。臨終の間際に、「そば!」と漏らした父は、最後まで希望を捨てなかった。

　生きて死ぬ。当たり前の摂理と立て続けに直面して、焦った。いつかやる、では実現しない。今、やれ。今、やれなかったら、もう次はない。

　だから僕は、インドを目指して、名越啓介を三度(みたび)、誘った。

●

　インドは行けば、何とかなる。2006年から続く、根拠なき自信は今も変わらない。ただ、あの頃と同じでは進歩がない。「#kumbhmela」「#sadhu」「#sangam」などの関連ワードを使って、SNSや公式サイトで情報収集を重ねた。

　宿泊先のキャンプは、ネットで検索して予約した。10泊11日。ひとり当たりの料金は一泊1800ルピー（1ルピー＝約1.5円）。インドだと、そこそこの中級ホテルと同価格帯。予約サイトに表示された朝食付きのキャンプの中で、最安なのが決め手になった。航空券は成田発のデリー直行便と、デリー・アラハバード間の国内線も事前に押さえた。

　また、不確かながら、ある番組に映像を提供する話が出た。可能性はゼロに近い

が、賭けてみたい。名越の撮影風景を追いかけるため、知り合いの制作会社からハンディカムを借りた。

　目的はまず、三度目の正直。雑誌の記事として成立させること。これが建前で、名越の作品として、雑誌を超えて世に問う可能性を探す。休暇を利用したインド行。誰のためでもない。自分が本当にやりたいことを、やり切る。

　以下、名越と、後を託すことになるデザイナーの町口景と、出発前に共有したメモ書きになる。

・2019年2月3日にアラハバードin → 2月13日にアラハバードout。
・2月4日と10日が入浴の儀式（サドゥの行進あり）。
・ざっくり撮影するのではなく、小テーマを決めてとにかく動く。現地でもネタ探し。

【小テーマ】

① **クンブメーラ（祭）そのものの様子**：サドゥの行進、沐浴など。雑誌記事向け。
② **白バックでのサドゥ撮影**：最低100人。前回の反省を踏まえて白バックの外側も意識する。
③ **街中の動物**：牛、ラクダ、ゾウ、犬、鳥、猿など。いたらとにかく撮る。
④ **広い絵**：川、群衆、テント群、街、日の入り／日没など。抜けた写真をきっちり押さえる。
⑤ **闇夜**：テントエリアだけでなく、街中も。ストロボを使ったフラッシュアップの撮影。
⑥ **サドゥのテントに密着**：どんな生活を送っているのか？
⑦ **食**：炊き出しを食べてみる。現地の人が食べている、飲んでいるものをブツ撮り的に。
⑧ **鉄道**：アラハバード駅の様子。ごった返す人々など。出来れば乗車も。
⑨ **街中のモノ**：露店、道祖神、車やバイクなど。目について惹かれるモノを撮っておく。
⑩ **キャラの立った少年／少女**：半日ほど密着してみる。

【理想】

・サドゥの行進を報道写真的な「外」からの視点ではなくて、突っ込んだ「中」の視点で狙う。
・単純に「元気が出た!」と読者に思わせるページに。
・食べる、寝る以外は、動き続ける生活を。合宿の心得。撮る、ではなく獲りにいく。

「幸先、ェェやないですか」
DAY ①｜ニューデリー｜2019年2月2日

　夕刻、一足先に現地入りしていた僕は、インディラ・ガンディー国際空港のターミナル2で名越啓介と合流した。

　名越の荷物は、それほど大きくはないバックパックと、肩掛けのカメラバッグ。手持ちの白バッグが入った、細長い三脚入れ。海外取材に臨む写真家としては、少ない方だろう。

　空港を出た直後に鼻を突く、あのインド臭は薄くなった気がする。悪質な客引きによる争奪戦も今や昔。メトロに乗車して、ニューデリー駅近くのホテルへ急いだ。

　名越は6年ぶり6度目、僕は8年ぶり7度目となる、悠久の大国。チェックインしてすぐ、街に出た。

　メインバザールの悪路は、アスファルトで舗装されていた。コンノートプレイス周辺には外資系のアパレルが軒を連ね、若者たちがスマホ片手にインスタ映え。野良牛と野良犬は変わらず元気なままだけど、少なくない変化を感じた。

　土曜の夜、道は混んでいた。ごった返す人々に揉まれながら、レストランMに足を向ける。ここは、2010年にも名越と立ち寄った。牛肉のステーキが提供される、インドではそんなに多くはない飲食店だ。

　21時頃、客が誰もいないMに落ち着く。バターチキンカレーとタンドリーチキン、瓶ビールを注文して乾杯。一息ついて、カバンを手繰ると、ない。財布がなかった。クレジットカードと2万ルピー、福沢諭吉が3枚入った長財布が消えている。嗚呼、スられた。

　名越は、「幸先、エエやないですか」と笑っている。まぁ、そうか。トラブルは歓迎しろ。開高健が『編集者マグナカルタ九章』に書いていた。2006年から続く、根拠なき自信。インドは行けば、何とかなるだろ？

　支払いは名越が手持ちのドルで済ませた。止められてなければ使える。名越のキャッシングカードが窮地を救う。5万円相当のルピーを引き出して、ホテルに戻った。

そして、途方に暮れる
DAY ②｜アラハバード｜2019年2月3日

　アラハバード行きのエアインディア403便は満席だった。パッと見、僕らの他はインド人。定刻通り、空の旅は1時間15分。

　目指すは、宿泊予定のキャンプK。プリペイドタクシーの係員に800ルピーを支払って、オンボロ自動車に乗り込んだ。

　翌日はクンブメーラのハイライト。入浴の儀式が控えている。空港から飛ばして20分。至る所に、警官と軍隊が湧いている。通行規制の

最前線。タクシーは何度も停められて迂回した。そのたびに、運転手は舌打ちして、「マニー！マニー！」と唾を飛ばす。800 ルピーだと、割に合わない不満顔。わかった、もういい。ここで降ろしてくれ。

　成田空港で借りてきた、ポケット wi-fi が絶不調。グーグル先生は、位置情報を教えてくれなかった。人の流れに沿って歩く。とりあえず、ガンジス川を目指そう。1 時間、2 時間、3 時間。前進するにつれて、巡礼者が激増する。2010 年にはなかったお祭り感。神様を描いた街角アート、宗教指導者の貼紙、居並ぶ露店。街のあちこちをクンブメーラが彩る。サドゥの姿もチラホラ。

　もっとも、断トツで目にしたのは、モディ首相のポスターだった。5 月の選挙を意識して猛アピール。クンブメーラには、政府が莫大な資金を投下する。インドは、宗教と政治は表と裏だ。総人口 13 億 6 千万を超えるインドにあって、8 割を占めるヒンドゥー教徒が首相の命運を握っている。

　途中、馬飼いの集落に立ち寄った。「ハイ、ミスター、ナマステ、ジー」。二十歳前後の、暇を持て余してたむろする青年たちに挨拶した。旅の経験から、まず「ミスター」と呼びかけるのが身についている。インド人はその呼称を喜ぶ。兎にも角にも、まず「ミスター」からコミュニケーションははじまる。「アー、ユー、ジャパニ?」。「イエス」と答えた僕は、彼らに道案内を頼んだ。

　予約確認メールに記されたキャンプ K の住所は、セクター 6。「マイ、キャンプ、イズ、セクター 6」。そう告げると、ついて来い。任せろと、青年は胸を張る。

　30 分ほど歩いた。往来は肩をぶつける大混雑。学生時分、年越しの浅草寺でアルバイトした経験がある。あの時の雰囲気。いや、それ以上の密集感だ。

　若者たちの姿はとうに見失った。押し合い圧し合い。さらに進んで 30 分。やっと、道標になるガンジス川に出た。そして、名越と僕は途方に暮れた。

　どこまでも続くテント村。終わりが見えない。そもそも、はじまりはあるのか？

　蟻になった気分だった。クンブメーラという巨大な怪物に群がる蟻だ。等間隔に架けられた仮設の浮き橋を、テントの間を、だだっ広い川の中州を。蟻たちが隙間なく蠢(うごめ)いている。

　「マイ、キャンプ　セクター 6、ウェア?」

　点在する警官に聞いては歩いて、右往左往。結局、キャンプ K に辿り着くまで、さらに 2 時間は歩いた。アラハバード空港に着いてから 6 時間。空は真っ赤に染まって、白い月がはっきり見えていた。

◉

　滞在するキャンプ K の敷地は、テニスコート

3面分ほど。そこに、約40のテントが隙間なく張られている。

テントは雨風をしのぐには申し分なし。洋式のトイレと簡素な洗面台付き。椅子2脚と小さなテーブル、シングルベッドが並んで2台。見た目には、日本で人気のグランピング（高級キャンピング）の佇まいだ。ただし、とにかく臭い。水回りから、強烈な下水臭が漂ってくる。

荷物を整理して外に出ると、夜の帳が下りていた。敷地内にある焚火場に移動。名越とこれからを話した。

まず地図がいる。闇雲に歩くのは止めよう。明日2月4日は、滞在中に2回予定される入浴の儀式の一発目。ここは導線の確認をメインにする。本番は10日の心積もり。それでも、予行演習的にきっちり状況を把握しておきたい。

不意に、「日本人の方ですか？」と日本語で声を掛けられた。昨日から宿泊している男女で、入浴日に合わせてここに滞在中だという。渡りに舟とばかりに話を繋ぐ。どうやら、キャンプKのRという男が、サドゥの有力者と太いパイプを持っているらしい。

Rは従業員用のテントで寝そべって、スマホを弄っていた。どんぐり眼で中肉中背。甲高い声でよく笑う、フレンドリーな中年男性だ。

こちらの事情を話すと、Rのリアクションは早かった。深夜2時に集まれば、サドゥのテントに連れて行ってやる。ノープロブレムだ。Rは自信満々だった。

まったくの幸運から、サドゥへの道が繋がった。テント内の異臭なんて、どうでもよくなった。ありがとう、キャンプK。お値段以上。ここを予約して良かった。明日の見通しが立った僕らは、意気揚々とキャンプKを後にした。

◉

日が暮れても、人通りが減ることはなかった。むしろ、夜が深まるにつれて増えている。

巡礼者をもてなす、炊き出しの行列は絶えない。焚火を囲んで、老若男女が群れている。地べたに雑魚寝の大家族。施しを待つ物乞いたち。砂上でじゃれ合う兄弟姉妹。学生風情が、人目をはばからず立ち小便。どこからかマントラ（賛歌）が聞こえる。3人乗りの暴走バイクが、けたたましくクラクションを鳴らす。

LEDの街路灯に照らされた砂埃が、宵闇に白く光っていた。2010年のハリドワールでは見られなかった景色。あの時は、温もりのある白熱電球が灯っていた。9年経って、舞台装置に変化があったようだ。

異界の光景が、足を進める。念願の地図は、仮設のポリスステーションで手に入れた。モディ首相と州知事がニッコリ微笑む地図を開く。ようやく、クンブメーラエリアの全貌が見えてきた。

メインの沐浴場があるサンガムを中心に、20のセクターに分かれてテント村が形成されて

いる。「セクター」の意味を、地図ではじめて理解した。面積の大小は違えど、ひとつのセクターは広大だ。「僕のテントはセクター6。どこだ?」と尋ねられて、地元のインド人でも分かるはずがない。

ちなみに、クンブメーラエリアの面積は、ニューヨークのマンハッタン島と同等。日本で考えると、世田谷区を超える。ガンジス川に出て、いきなり途方に暮れたのも無理はない。アラハバードのクンブメーラは、途轍もなく巨大だった。

男根トーテムポール
DAY ③ | サンガム | 2019年2月4日

集合場所には、3人の外国人と5、6人のインド人がいた。親切な日本人、あの男女の姿はなかった。一行は3台の車に分乗して出発。車は浮き橋を2本渡って、トタンで仕切られた細い道に停車した。

Rは慣れた足取りで、迷路のように入り組んだ狭路を進む。後に続くと、入り口が開け放たれた、広めのテントに案内された。白熱電球の薄明り。焚火が小さく燃えている。テントの中央。体格のいい、ドレッドヘアのサドゥが、寝ぼけ眼で横になっていた。

ひざまずき、手を合わせて、頭を下げる。「ユア, カントリー?」の質問に、「ジャパン」と返す。小さく笑ったサドゥは、そこに座れと目線を斜め下に送った。運ばれたチャイを口にする。しばらく沈黙が続く。Rが僕らの素性を告げたのだろう。ドレッドのサドゥは上体を起こして、名越に撮影を促した。

テントに腰をすえて、僕はあることが気になった。サドゥを含め、先客の巡礼者たち。そのほぼ全員が、断続的に咳をしている。特に、サドゥのすぐ脇に座る老婆に目がいった。10秒おきに、激しくむせ込んでいる。

状況を考えると合点がいく。サンガムの夜は、とにかく冷える。ダウンジャケットの下にセーターを着込まないと、震えるほどに寒い。暖を取るために、焚火は燃え続けている。当然、テント内には煙が充満する。咳が出るのも無理はない。だけど、老婆の咳は、それ以上の危なさを感じた。嫌な予感は、後に現実となる。

ドレッドのサドゥのテントを後にして、しばらく歩く。通りには、トラックやトラクターを改造した、色鮮やかな山車が並んでいた。整備士たちは忙しない。鼓笛隊が集まってきた。場所取りに急ぐ、巡礼者の姿も増えた。いよいよはじまる。前日の疲れと眠気は、完全に吹っ飛んでいた。

Rと再び合流して、別のサドゥテントにお邪魔する。落ち武者然とした老齢のグル(師/指導者)と、弟子のサドゥたち。張り詰めた雰囲気は、さながら出陣前の儀式だ。神妙な顔の弟子たちが、グルの足元にひざまずき、順々に祈りを捧げている。

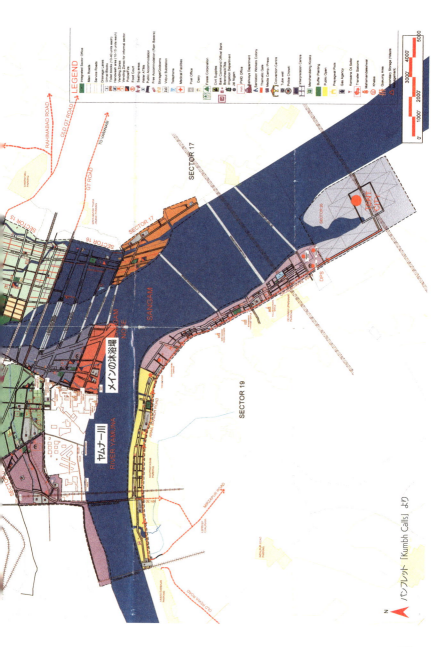

サドゥたちは準備に余念がない。白い灰の粉を全身に塗る者。チラム（円錐形の喫煙具）に火を点け、大麻を吸って回す者。チャイを作る者。マリーゴールドの首飾りを配る者。焚火に薪をくべる者。各々が、与えられた役割を全うしていた。

　静寂を破ったのはグルだ。やおら立ち上がると、分厚い本を開いて、マントラを唱えはじめた。声の限りに大絶唱。ヒンドゥー教のコール＆レスポンス。グルが唱え、弟子が返す。テントになだれ込んだ巡礼者も、一緒になって叫んでいる。

　「ハリハリ！マハディ！ハリハリ！マハディ！ハリハリ！マハディ！ハリハリ！マハディ！」

　グルが本を閉じるのを合図に、弟子たちは一斉に外へ飛び出した。法螺貝の甲高い音が響く。弟子のひとりは、大きな刀を握っている。仲間たちが煽る。刀を振るって、舞うサドゥ。すぐ横では、別のサドゥが三点倒立。パフォーマンスはエスカレートする。年長らしきサドゥが、男根に鉄の棒を巻き付けた。小柄なサドゥが足を掛ける。持ち上がる。男根トーテムポールと呼ぶべき荒業に、巡礼者は沸いた。

◉

　朝焼けの光が、独創的な山車を神々しく照らす。そのままテントで寛ぐRと別れて、名越の勘を頼りに移動した。狙うはサドゥの大行進だ。

　巡礼者に揉まれながら進むと、道幅が50メートルはあろうかという大通りに出た。沿道には電飾で彩られた、巨大なアシュラム（道場）が居並んでいる。

　その中でも、群を抜いてド派手なアシュラムのゲートをくぐった。集会場の奥。そこかしこに、大小様々なサドゥのテントが張られている。うじゃうじゃいた。ここだ。サドゥ銀座だ。全裸に花の首飾り。白い聖者たちが、出陣に備えていた。

　気温が一気に上がった7時半頃。山車のパレードがはじまった。山車の玉座にグルが座り、弟子や支援者が取り囲んで、歩くより遅いペースで進んでいく。鼓笛隊が先導して、爆音でリズムを刻む。リオのカーニバルか、はたまた日本のお神輿か。パレードの両側では、軍と警官が人間の柵を作って、押し寄せる巡礼者を問答無用に排除していた。

　法衣に身を包んだサドゥはチラホラいる。でも、僕らのターゲット。全裸の大集団は？銀座のサドゥたちはどこに消えた？パレードの列には与(くみ)していない。早々に見切りをつけて、また勘を頼りに足を進めた。

　向かった先は、小さな沐浴場。押し寄せる群衆と過剰な警備。なかなか身動きが取れない状況下で、ここは比較的自由がきいた。巡礼者の導線となる浮き橋の様子もはっきり見える。

　考えた作戦は単純だ。浮き橋に行進が迫ったら、浮きを伝ってよじ登る。規制線を超えて潜

り込む。以上。

チャイを飲んで、一服していると、来た。やっと来た。全裸の塊が、浮き橋の入り口まで進んでいる。浮きは楕円形で、直径が2メートルほど。巻かれたロープに手と足をかければ、容易に登ることができそうだ。

浮き橋の上。すぐ目の前を、全裸のサドゥが右から左に流れていく。興奮状態。カメラを向ければ、表情を決めて目線をくれる。首飾りの花を千切って投げたり、雄叫びを上げたり。クンブメーラの主役は俺たちだ。そう言わんばかりに、名越のカメラにアピールしている。

ただ、迫力不足は否めない。道幅が2メートルほどの浮き橋。どうしても動きが限定されてしまう。"サドゥラン"ではなく、"サドゥウォーク"の様相。浮きから橋上に移るべく、一歩前に足を踏み出す。たちまち、笛を鳴らした警官が飛んでくる。行進に紛れ込むのは困難だった。

撮りたい絵は、撮れなかった。雑誌の掲載イメージに囚われて、"分かりやすい絵"ばかりを欲する僕に、名越は少し苛立した。太陽は真上にある。そういえば、昨日の夜からまともに食事を摂っていなかった。

適当に入った屋台で、チョーメン(インド風焼きそば)をコーラで流し込む。撮影を再開。相変わらず、パレードの列は続いている。早朝とは違い、ゴツゴツした荒々しい山車が連なる。ふと、映画『マッドマックス』を思い出した。玉座に座るイモータン・ジョーと、取り巻きのウォー・ボーイズ。もしかしたら、ジョージ・ミラー監督は、クンブメーラでネタを拾ったのかもしれない。

◉

全裸の聖者たち。塊になって疾走するサドゥと遭遇することは出来なかった。深夜の2時から動いて、12時間近く。入浴日の雰囲気は掴めた。次は9日。本番。傾向と対策を練って、今度こそ突撃しよう。今日は潮時。キャンプKに帰るべく、振り出しに戻ろう。ドレッドヘアの大男がいる、サドゥのテントへ向かった。

トタンで仕切られた細い道。いなかった。Rも、車も消えていた。次に滞在したテントにも足を運んだが、やっぱいない。警官に現在地を確認する。20キロ以上は離れている。キャンプKは、歩くには遠すぎた。

やっと合宿感が出てきましたね。名越と僕は、そう言い合って笑った。帰路、交わす言葉はなくなり、それでも名越は、撮影を止めなかった。いつかの彼の言葉を思い出す。

「写真って、転げ回って、何を撮っているのかわからなくなる瞬間が、一番オモロインですわ」

キャンプKに辿り着いたのは、どっぷり日が暮れてから。Rは焚火場で、腹を出して寝ていた。

「アー、ユー、オーケー?」

歩いて帰ってきた。そう告げると、Rは大げさに声を上げた。さすがに少し、足にきた。い

つからか、咳が止まらなくなっている。全身が熱くて、汗が止まらない。

着の身着のままで、布団に潜った。今度はガタガタ震え出した。名越も相当参っている。従業員から貰った風邪薬を飲んでから、寝に入った。目を閉じる。激しく咳き込んでいた、あの老婆の姿が浮かんだ。

天 国 行 き の 錠 剤
DAY ④｜サンガム｜2019 年 2 月 5 日

寒い。悪寒がするのに、汗が止まらない。咳の頻度も増えている。典型的な風邪の初期症状で目覚めた朝。名越もゴホゴホ咳き込んでいた。

深夜から朝方にかけてのテント内は、相当に冷え込んだ。セーターとダウンジャケットを着込んで、毛布を 2 枚被った。それでも寒くて、ほとんど眠れなかった。

キャンプ K では、宿泊者向けに無料の朝食が 10 時まで提供される。時間ギリギリに重い体を起こす。味のないシャバシャバのカレーを、無理やり胃の中に入れた。貰った薬がまだ 2 錠ある。名越と 1 錠ずつ飲んで、そのまま寝落ちしてしまった。

目が覚める。テントの外に出ると、陽が傾きはじめていた。名越は椅子を出して、咳込みながらタバコを吸っていた。僕が寝ている間にも、撮影に出ていたという。情けない。充電していたハンディカムのバッテリーをセットして、同行の準備を急いだ。

川沿いの道は、昨日が嘘のように巡礼者の数が減っていた。通行止めが解除されたのか、乗用車やオートリキシャが激しく行き来している。

薬が欲しい。ひとまずは薬局だ。たむろして客を待つ、サイクルリキシャに声を掛けた。悪路を迂回しながら進む。20 分ほど走って、駅に続くメインの通りで降ろされた。

いつものように警官に道を尋ねる。ものの 50 メートル先に薬局はあった。店内は先客で混み合っている。巡礼のインド人たちにも、"サンガム咳" は蔓延しているようだ。

身振り手振りで症状を伝えると、すぐに店主は察した。奥の棚から 3 種類の薬を出してきた。蛍光カラーの錠剤が 2 種類と、橙色の飲み薬が 1 種類。「ベリー、ストロング!」と、店主は親指を突き立てた。

インドの薬は安い。ジェネリック（後発医薬品）の開発と競争が盛んで、安くて質のいい薬が 13 億人の健康を支えている。

薬局を後にして、近くの屋台に移動した。昨日の昼食と同様、チョーメンを注文する。これが当たりだった。申し訳程度に、ピーマンと玉ねぎが入っているだけ。麺はボソボソ。だけど、味が日本的というか、しっかりソースの味がする。美味い。以後、腹が減ると、この屋台に寄るのがルーティーンになった。

どっぷり夜が更けた。今日の悪あがきは諦めて、キャンプKに戻ろう。サイクルリキシャを捕まえて、再び悪路を行く。湿り気のある冷たい風が、頬を伝って気持ちいい。激しい揺れが眠気を誘う。薬を服用してから1時間弱。心地よい浮遊感が、弱った体を天国に誘っている。蛍光色の錠剤。その効果は絶大だった。

　キャンプKに戻る前に、すぐ側にあるチャイ屋に寄った。生姜多めをリクエスト。熱々のチャイが小さな紙コップに注がれる。10ルピーで味わえる極上品が、五臓六腑に染み渡る。大げさではなく、命を繋ぐ味がした。このチャイ屋も馴染みの店になったのは、言うまでもない。

　幸いにして、体調は劇的に回復している。名越と話して、明日からは目指せ100人超え。白バックを駆使した、サドゥのポートレートをやっつけることに決めた。

　2010年、ハリドワールの記憶が蘇える。あの時の自分たちを超えられるのか？　写真は進化しているのか？　何年経った？　当たり前だろ？　少年漫画のような会話を交わした後に、また薬を一式飲んだ。ほどなく僕は、泥のように眠った。

「ミスター、ワン、フォト、プリーズ」
DAY ⑤ ｜ サンガム ｜ 2019年2月6日

　咳は止まらないが、風邪っぽい症状は治まった。起き抜けに、昨日のチャイ屋で一服。白バックの撮影に備える。目指すは3日間で100人。合宿には、わかりやすい目標が必要だ。

　名越自身が日本で仕上げてきた、白バックを広げてみる。2本の棒を握って、腕を目一杯伸ばすと、白布がシワなくピンっと張られる。申し分ない。一度、取り組んだ経験が生きている。

　背景の白にサドゥを入れ込んだ撮影は、2010年のハリドワールである程度はやり切っている。白バックを持つ僕の手も含めて、野次馬が写り込んだり、傾いていたり。もっとルーズに攻めようと、名越と話した。

　前回の撮影とは機材も違う。あの時は、6×7判のブローニーフィルムをメインに、中判カメラで撮影した。当然、フィルムチェンジに時間がかかる。撮影可能枚数は、一本につき10枚。一人を5枚で切り上げることもあれば、2本撮ることもあった。今回はデジタルカメラだから、一人当たりにかける時間が大幅に短縮される。まずは手堅く攻めるとするか。オートリキシャで、あのサドゥ銀座を目指した。

◉

　銀座のサドゥと一戦を交える前に、サドゥについて。僕が知っている、いくつかを書いておきたい。

　インドを旅した人なら、どこかで一度は、見かけたことがあるはずだ。僕は17年前、はじめてのインドで、サドゥの存在を認識した。遭

遇した場所はバラナシ。裸に橙色の腰巻だけをした、ドレッドヘアの痩せた男だった。観光客に声を掛け、写真を撮らせてルピーを稼ぐ。その如才ない男を見て、ボブ・マーリーに似ていると思った。

2000年代前半。バンコクのカオサンや、カンボジアのシェムリアップ、デリーのメインバザールなど。バックパッカーがたむろするアジアの各都市には、日本語の看板がそこかしこにあった。決まってそんな場所は、なぜだかレゲエの神様が大人気。肖像がプリントされたグッズの数々が、土産物屋の最前線で売られていた。

だから、かもしれない。彼の存在が何となく気になった。寝泊りしている祠（ほこら）に、度々足を運んだ。交わした言葉は、覚えていない。ただ一緒にチャイを飲んで、チラムを回して、時間をやり過ごしたものだ。

サドゥを一言で説明するのは難しい。大きな括りで考えるなら、ヒンドゥー教の修行者やヨガの求道者、苦行僧など。インドの社会で、聖者と呼ばれる存在の総称。現地では「ババ」や敬称の「ジー」を付けて、「ババ・ジー」と呼ばれている。インド全域、特に北部地方に多くいて、寺院や河川敷、街角の祠などで暮らしている。

グルの元で修行に励む者がいれば、身一つで流浪の旅に出る者もいる。ヒマラヤの麓（ふもと）で苦行に励む者もいれば、バラナシのボブ・マーリーのように、観光客を相手に小銭を稼ぐ者もいる。

真もあれば、嘘もある。善悪を超えた、特異なる世界。聖と俗の間に、千差万別のサドゥが存在している。

その数は100万人とも、1千万人とも言われている。正式なライセンスはない。もし、あなたが明日から俗世を捨てて、「サドゥになる!」と宣言すれば、サドゥになれるのだ。一般的には、グルに弟子入りして修行を重ねる。それが認められて、クンブメーラの承認式を経れば、晴れてサドゥのキャリアがスタートする。

また、サドゥには信奉する神様の違いによって、いくつかの宗派が存在する。よく知られているのが、シヴァ派とヴィシュヌ派だ。見分け方は、額に描かれた線が目安になる。横の線ならシヴァ派。縦の線ならヴィシュヌ派。ただし、宗派といっても、現在は細分化されて、サドゥ同士でも見分けがつかないことが多い。

全身に白い灰を塗り込んだ裸のサドゥ。そのほとんどは、シヴァ派に属するナーガ（蛇）サドゥと考えられる。すべてを捨て去ることが信条。故に裸。髪の毛も髭も、一切剃らないことが多い。クンブメーラでよく見かけるサドゥが、このタイプだ。

サドゥを根っこから理解するのは、今の名越と僕には不可能だ。もちろん、放棄した訳じゃない。ただ、狙いはそこじゃない。歴史を紐解いて、ヒンドゥー教の教義に触れ、精神性を追

求して、本物のサドゥだけを撮りたいとは正直、思わない。

　先にも書いたような、「善悪を超えた特異なる世界」を生きるサドゥにこそ、興味が湧く。乱暴な言い方をするなら、今、目の前にいるサドゥが面白いか、面白くないのか。

　もちろん、本物に出会いたい願望は強くある。2010年の撮影でも、凄みをまとった歴戦の苦行者と交わって、心が震えた。でも、そんな本物と同一線上で、偽物には偽物の愛すべき存在感がある。

◉

　閑話休題。話を元に戻そう。銀座は狙い通り、サドゥがわんさかいた。

　巨大なアシュラムの前には、巡礼者を相手にする掘っ建て小屋が並ぶ。その前を通ると、孔雀の羽を手にしたサドゥに手招きされる。巡礼者はサドゥの足元にひざまずき、羽で頭を撫でてもらったら、お布施を払うのが礼儀だ。サドゥにとってクンブメーラは、3年に一度の稼ぎ時でもある。

　どのサドゥにアプローチするのかは、直感が決める。すれ違うサドゥに目を凝らし、名越が反応したサドゥの足を止める。やり口は2010年と同様。白バック撮影の入り口は、こんな口説き文句からはじまる。

　「ナマステ、ジー。ミスター、ワン、フォト、プリーズ」

　足を止めたサドゥは訝しがる。名越が言葉を続ける。

　「オンリー、ワン、ミニッツ、プリーズ」

　僕も加勢する。

　「ヒー、イズ、ジャパニーズ、フォトグラファー。イエス、ジャパニ、ジャパニ」

　そして、二人でダメを押す。

　「フォト、フォト、ワン、フォト、プリーズ!」

　英語が通じているのか、いないのかは、よくわからない。撮影オーケーの手応えがあれば、丸めて抱えていた白バックを急いで広げる。サドゥの足元に布をかまして、2本の棒を握って限界まで両腕を伸ばす。横幅約1・6メートル、縦幅約2・5メートルの人力白バックが、3秒で出来上がる。

　撮影中、僕の視界の先は白布になる。撮影の様子は、当然ながら窺い知れない。両腕を限界まで伸ばして、耐えるのみ。時間にして2分ほど。「オッケー!」という名越の声が聞こえると、白バックを横にずらして撤収する。

　去り際の礼儀は欠かせない。巡礼者がサドゥに支払うお布施に、少しだけ色をつけたルピーを渡す。もちろん、感謝の言葉も忘れない。この日、声を掛けた7割近くのサドゥが、撮影に応じてくれた。

　新入社員の頃、湘南のビーチでキャッチ仕事をしたことがある。あの時は、5人に1人がいいとこ。サドゥと水着ギャルを比べるのはどうか

と思うけど、聖者の懐の広さがわかってもらえるだろうか。

一日で撮影したサドゥの数は 50 人近く。2010 年と比べると、かなりのハイペースだ。身体の調子も完全回復。冷水のシャワーを震えながら浴びて、ここに来てはじめて洗濯をした。

どのアンダーシャツも、汗が滲んで塩がべったり付着している。洗剤は忘れたので、シャツにどっぷりシャンプーを染み込ませて、念入りに手揉みして洗った。名越は、あの天国行きの薬を飲んで、すでに夢の中だった。

ロ　ッ　ク　ス　タ　ー　＆
ミ　ス　タ　ー　・　サ　ン　ガ　ム
DAY ⑥ ｜ サンガム ｜ 2019 年 2 月 7 日

昨日の撮れ高で、精神的に余裕が出た。数を 100 に近づけつつ、サドゥのテントに滞在して、強度の高い写真をじっくり狙いたい。やるべき撮影が明確になったからか、道中の足取りは軽かった。

出だしでまず惹かれたのは、フットサルコートほどの広さ。継ぎはぎしたトタンを屋根にした、比較的大きなテントだった。15 人ほどのサドゥが毛布にくるまり、惰眠を貪っている。焚火場には、ドレッドヘアを頭に巻き付けたサドゥが一人。手を合わせて挨拶すると、笑顔で迎えてくれた。

彼は穏やかだった。口数は少なく、ただただ笑っている。無言の時間がしばらく流れると、小ぶりな鉄鍋でチャイを作りはじめた。

どこからか汲んできた、少し濁った水を流し入れて、黒ずんだ茶葉をドバドバ落とす。直火の威力は強烈だ。すぐに鉄鍋は沸騰する。しばらく置いてから、牛乳と大量のブラウンシュガーを足す。また沸騰すると、茶こしで鉄鍋をかき混ぜる。そして、見てくれと言わんばかりに、茶こしを小刻みに上下させ、チャイを滝のように操った。茶道ならぬ、チャイ道。その無駄のない動きに拍手した。肝心の味は、イマイチ薄くて、美味くはなかったけれども。

このように、テントのサドゥに声を掛けると、たいていの場合、チャイのもてなしを受ける。インド人の巡礼者も、入れ替わり立ち替わりやってくる。すぐに撮影とはいかない。平均して、20 〜 30 分は滞在することになる。

こちらの都合をサドゥに押し付けるのは、無粋というもの。ほとんどのサドゥは英語を理解しないが、膝を突き合わせ、時間を共にすれば、見ず知らずの日本人でも受け入れてくれる。

確かに、頑なにルピーを要求してくるサドゥもいる。シャッター 1 回につき、100 ルピーなんて因縁をつけられて、追い回されたこともあった。ただし、多くの場合は、こちらが用意したお布施を笑顔で受け取ってくれる。挨拶だけして、立ち去ることも多かった。逆に、日本から

来たのかと感動して、ルピーをくれようとしたサドゥもいた。

●

　撮影に際して、十人十色のリアクションを見せるサドゥたち。その中で、特に印象に残ったサドゥが二人いる。順を追って、紹介したい。

　まず一人目。頭にバンダナを巻いた、火バサミがトレードマークのサドゥ。5、6人は泊まれそうな中規模のテントに、一人寂しくポツンといた。外見がどことなく、エアロスミスのスティーブン・タイラーに似ている。白バックに誘うと、嬉しそうだった。

　挨拶もそこそこに、インドのロックスターは写真を見せてきた。いずれも火バサミをアピールして、満面の笑みを浮かべたタイラー自身が写っている。メモを取り出し、アルファベットでコミュニケーションを図る。

　曰く、普段はヒマラヤの麓で暮らしている。クンブメーラのために、サンガムにやってきた。自分のグルは135歳で、まだ元気に暮らしている。「135 イヤーズ、オールド?」と僕が大げさにリアクションすると、何度も深く頷いた。

　タイラーはノリが良かった。撮影中、火バサミがカチカチ鳴り続けている。白バック越しでも、ポーズの変化が伝わった。これまでにない、上機嫌の撮影だと思われた。

　お布施を払って、感謝を伝える。荷物をまとめて腰を上げると、タイラーは怒声を上げた。「マニー!マニー!マニー!」。痛いほどに手首を強く握られる。

　つい1分前までの、ステージパフォーマンスは何だったんだ。声を掛けてくれて、ありがとう。そんな調子で、僕らにいろいろと話をしてくれたじゃないか。一向に引き下がらない。怒髪天を衝くスティーブン・タイラー。この場を納めよう。ポケットに突っ込んでいた10ルピー札を、何枚かまとめて渡した。

　タイラーは納得したのか、火バサミをまたカチカチ鳴らした。よし、もういいぞ。行ってよし。10秒前の剣幕がなかったように笑っている。やはりロックスターは、一筋縄ではいかないようだ。

　二人目は、敬意を込めて、ミスター・サンガムと呼ばせていただきたい。彼は、メインの沐浴場を眼下に臨む、小高い丘の祠を護っていた。夕暮れ時、撮影をお願いすると、快く迎え入れてくれた。お前たちの願いはわかっている。みなまで言うな。まず座れ。物言わぬ大きな瞳が、そう語っていた。ゴミが散乱した荒れた住処。靴を脱いで、砂を被った敷物の上に座った。

　ここから眺める夕日は、格別に美しい。目の前は沐浴場に続く一本道で、巡礼者が絶えず行き来している。

　彼には英語が通じた。「日本のどこに住んでいるのか?」「結婚しているのか?」「子どもはいるのか?」「インドはどうだ?」。他愛な

い会話の流れで、サンガムに根を下ろしたヨガの行者だと知れた。街中に別宅があるものの、クンブメーラの期間中はこのあばら屋で暮らしている。

　ミスター・サンガムの横には、6歳くらいの子どもが寝ていた。苦しそうな息遣いで、咳き込んでいる。聞けば、彼の息子だった。子連れのサドゥに会ったのははじめて。後に知ることになるのだが、もう二人子どもがいた。母親とは現在、一緒に暮らしていないという。

　撮影をはじめると、子どもが気だるそうに起き上がった。名越のカメラに興味津々。察した名越は、撮影を早めに切り上げて、子どもにカメラを触らせた。レンズを父親に向けて、何枚かシャッターを押させる。子どもはやっと、無邪気な表情を見せてくれた。

　その一連の触れ合いを、ミスター・サンガムは黙って眺めていた。

死者を送る
DAY ⑦ ｜ サンガム ｜ 2019年2月8日

　サドゥ疲れ、という新しい共通言語が誕生した朝。早くから動いて、昼には100人を撮り切った。今日は、目線を少し変えようと決めていた。屋台で焼き飯とスプライト。朝食兼、昼食を済ませて、白バックを三脚入れに仕舞った。

　目指すは遊園地。事前の情報収集で、いくつか絵になる写真を見かけて、気になっていた。道すがら、5千人は収容出来そうな集会場やメディアセンターに寄りながら、先を行く。クンブメーラエリアにはない巨大な箱が点在する中で、立ち止まらずにはいられない、妙な劇場を発見した。

　看板には「3D kumbh theater」とある。ご存じの通り、インドは映画産業が盛んで、ITの技術者が世界を席巻している。インドの最先端3Dはどんなものか。期待して入場券を求める列に並んだ。支払った金額は忘れた。確か、100ルピーを払って、お釣りが戻ってきたはずだ。上映は入れ替え制で、座席は150席ほど。ど真ん中のソファ席に陣取って、開演を待った。

　期待は大きく裏切られた。インドの神話らしきストーリーが投影された、安っぽいプロジェクションマッピング。3Dの要素は一切なし。隣の家族連れは、しっかり堪能できたようで、上映後、熱心にスマホで記念写真を撮っていた。

　遊園地は想像したより本格的だった。高速で回転する観覧車がランドーマーク。曲乗りバイクのバンクは行列を作っていた。少女グループが踊る小屋。日本でも定番のお化け屋敷やジェットコースターもある。

　試しに、お化け屋敷を体験してみたが、高校の文化祭レベルよる遥かに劣る代物だった。積

年の埃を被った書き割りのお化け。というより怪物が、薄暗い部屋に雑然と並べられているだけ。3Dの免疫があった分、むしろ、これはこれでありだと笑えた。

◉

　キャンプKに戻ると、Rに肩を叩かれた。明け方にかけて、プージャ（祈りの儀式）を行う。興味があれば同行しないか？どうだ、いいネタを持ってきただろ？Rはいつもの調子だった。もちろん、断る理由はない。23時の集合を約束した。

　用意された車は2台。キャンプKの参加者は、見たところ10人を超える。どう考えても乗り切らない。僕の膝の上には、中年のインド人が身をすくめて座っていた。

　宵闇を猛スピードで走った車は、銀座近くのアシュラムの脇に停まった。Rに続いて中に入ると、一見して只者ではないとわかる人物がいた。肩にかかるロマンスグレーの長髪と髭。大きな両の目は、完全に座っている。Rは彼のことを、グル・ジーと呼んだ。

　テント内には、弟子のサドゥたちも控えていた。落ち着いた印象のグル・ジーとは違い、やたらにテンションが高い。おどけた表情で、写真を撮ってくれと名越にアピールしている。

　振舞われたチャイを飲み終えると、Rは僕らを車に誘導した。グル・ジーとその弟子たちも、Rが用意した別の車に乗り込んだようだ。車は元来た道を戻って、サンガムエリアとは逆方向へ進んだ。

　大きな鉄橋を渡り、かなりの距離を走った。後に地図を確認したところ、20キロ近くは離れている。灯のない住宅街を抜けると、車はスピードを落とした。しばらく低速で走って、川沿いの真っ暗闇に停車した。

　そこは火葬場だった。突然の来訪者に驚いたのか、野良犬たちが集まってきた。街中の犬とは違い、今にも飛びかからん勢いで激しく吠えている。

　火葬場には先客がいた。グル・ジーが到着して焚火場に移動すると、LEDの強い照明が焚かれた。マイクを持った女性が駆け寄る。どうやらテレビクルーのようだ。カメラマンが3人、照明が2人、音声が1人。ディレクターらしき男性もいる。マイクを持った彼女は女子アナかもしれない。街中の女性とは、明らかに身なりが違う。

　グル・ジーが女子アナのインタビューに応じている。その間、弟子たちは焚火を育て、蝋燭に火を灯したり、花や米を供えたり、準備に励んでいる。テレビの影響もあったのか、先ほどまでの軽いノリは、一切なし。額に汗して、与えられた仕事を全うしていた。

　焚火に大量の油が注がれた。音を上げて、火柱が立つ。グル・ジーはインタビューを切り上げ、弟子たちの奥に腰を据えた。緊張が走る。

女子アナも神妙な面持ちで、事の推移を見守っている。

グル・ジーが唱えるマントラを合図に、プージャがはじまった。死者を送る儀式。時折、米や果物、短く切られた紐が焚火に放り込まれる。都度、油が注がれて、火の勢いが増す。視界が赤く揺れている。風は乾いていた。音が消える。僕は、無意識に目を閉じていた。

ここで焼かれた、名も知らぬ亡骸(なきがら)に手を合わせる。今日まですれ違った、数え切れない巡礼者たち。交わったサドゥたち。いずれは、焼かれ、流される運命共同体。サンガムの風景が浮かぶ。白く、濁った視界の先に。浮き橋を渡る巡礼者の行列は、黄泉の国に送られる葬列。僕の目は何度もそんな風に錯覚した。

祈りの詩が聞こえる。死。誰もが皆、平等に与えられる最期。死ぬために生きる。生きるために死ぬ。じゃあ、どこで死ぬのか。どう死ぬのか。誰を思い、誰に思われて。諦めて死ぬのか、未練がましく死ぬのか。望んで死ぬのか。受け入れるのか、抗うのか。孤独か。痛みか。快楽か。苦しいか。安息か。

燃え盛る炎の先に、亡き母と父が見えた。首を吊って自死した母は、寂しくなかったのか。苦しくなかったのか。楽になれたのか。乗り越えられたのか。死を選んだ自由はあなたのものだ。いつかの後悔は、祈りに変わっていく。

父よ。生きようと願い続けて逝った父よ。負けない。逃げない。折れない。意識はなくとも、生きようと願った魂。骨髄移植。壮絶なる闘病。もうゆっくりしていい。安らかに眠れ。あの時、言えなかった言葉が、今なら伝えられるかもしれない。

じゃあ、お前は?どうするんだ?そう言われたような気がして、怖くて目を開けた。炎の向こう側に垣間見えたグル・ジーは、恍惚の表情を浮かべて、揺れていた。

◉

どれくらいの時間が経ったのだろう。焚火に水が掛けられて、儀式は終わるともなく終わった。空は白みはじめていた。グル・ジーはまた、女子アナのインタビューに応じている。弟子たちはすっかりお調子者の顔に戻って、じゃれ合う。

名越も僕も、この場所が気に入った。また後日、改めて訪れたい。Rとその場で約束した。熱狂のクンブメーラのすぐ側に、こんなにも穏やかで、静かな世界がある。逆の意味で度肝を抜かれた、3D劇場とお化け屋敷の先に。あの世への入り口が、ぽっかり口を開けて待っていた。

明日の入浴日に備える
DAY ⑧ | サンガム | 2019年2月9日

遅めの起床。チャイとチョーメンで栄養補給。以上。

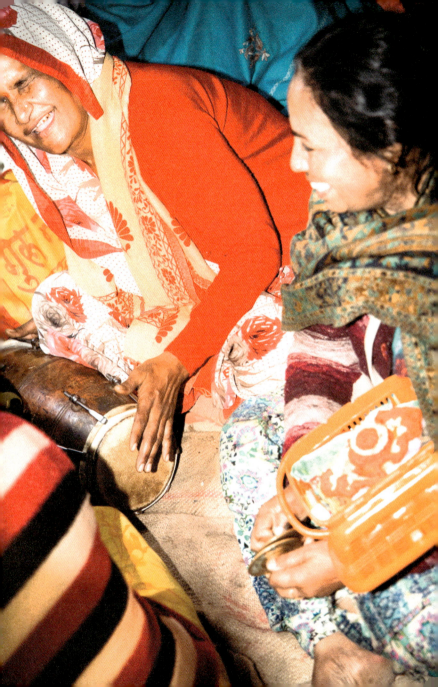

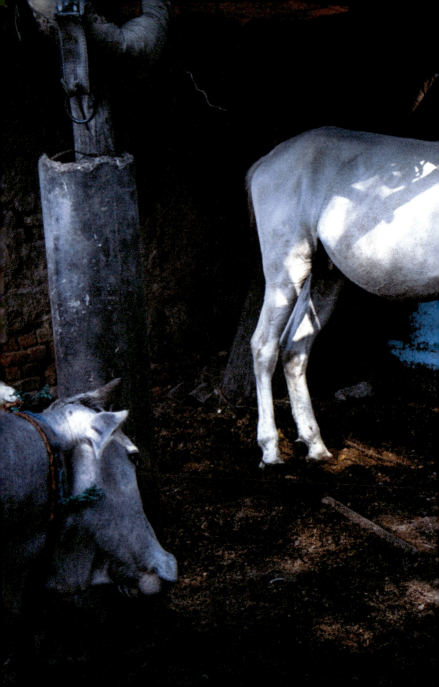

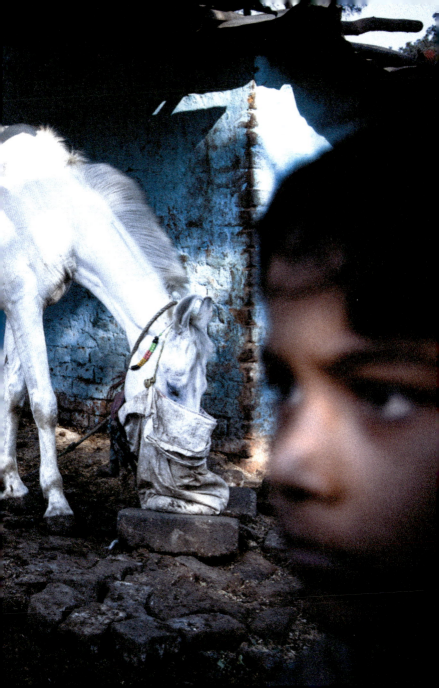

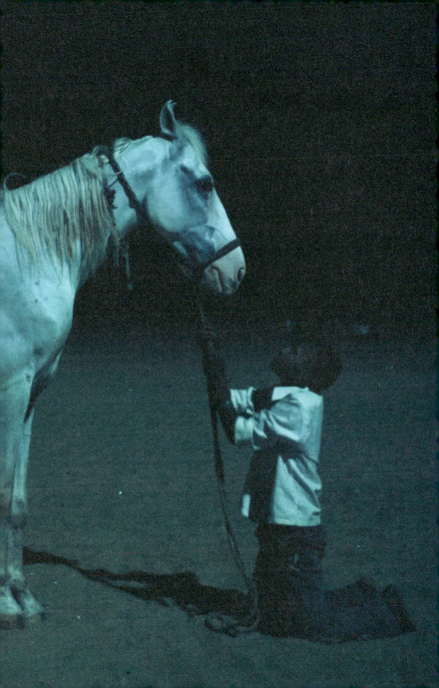

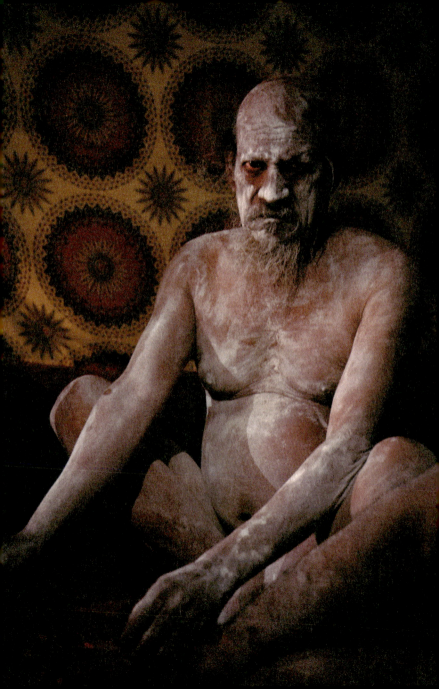

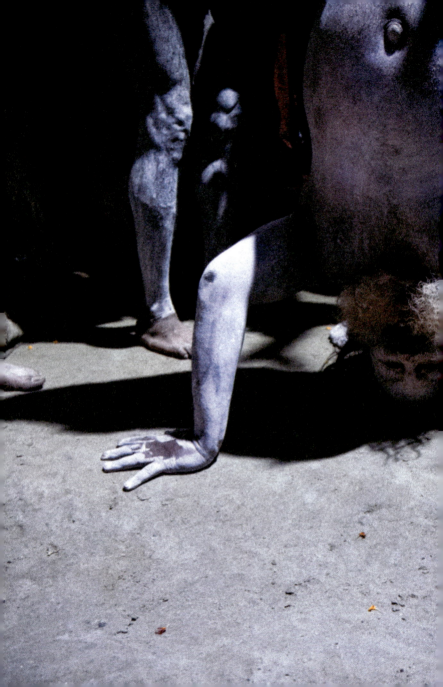

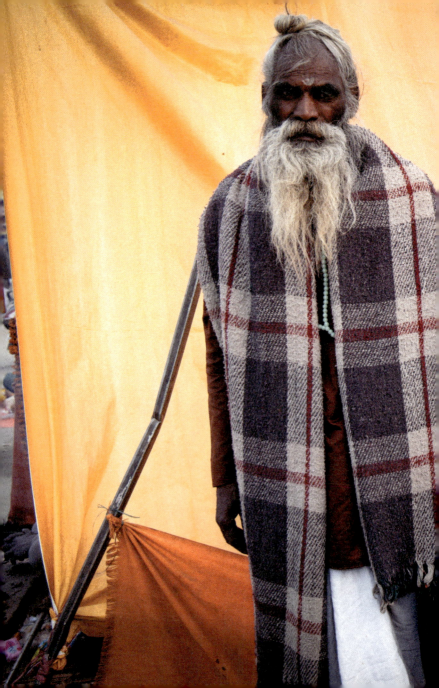

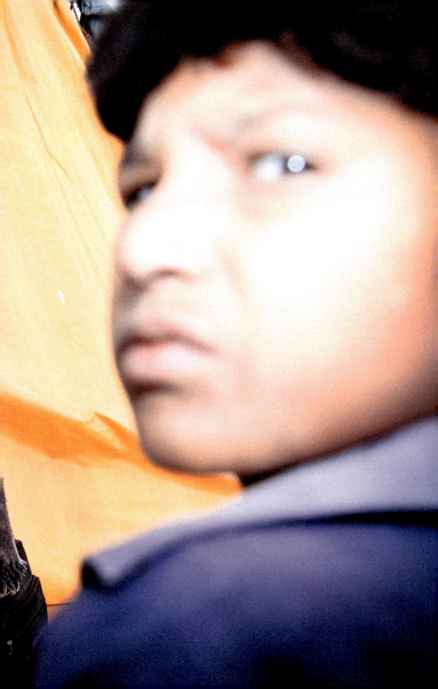

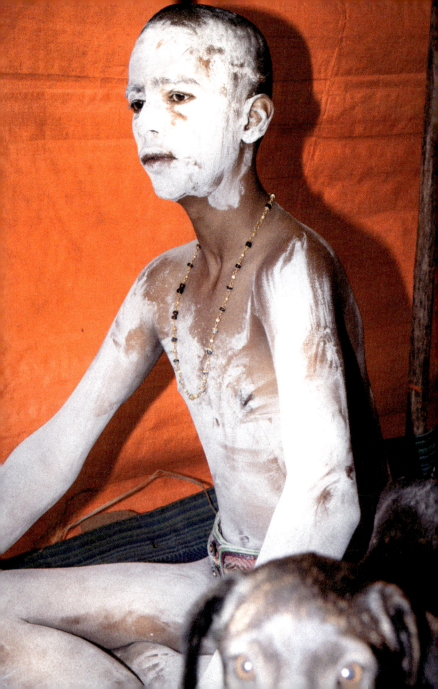

突撃！ 聖者の疾走
DAY ⑨ ｜ サンガム ｜ 2019 年 2 月 10 日

　いざ鎌倉へ。今日を逃すと次はない。名越は変わらず飄々(ひょうひょう)としていたが、僕は冷静ではいられなかった。

　雑誌の掲載は頭から消し飛んでいた。目的より行動。聖者の大行進に、突っ込めるかどうか。こんなテンションなら、取材者とは言えないだろう。合宿と誓った。前のめりに、倒れるまでやってやる。完全に気持ちが先走っていた。

　Rに指定された集合時間は、深夜の1時。前回の入浴日と同様に、用意された車に便乗する。同乗者は、イタリア人のキュートなオバ様たち。60歳前後の3人組で、それぞれの手には最新のコンパクトカメラ。目が合うと、ニッコリ微笑んでくれる。

　見覚えがあるテントの近くに到着した。あのグル・ジー。プージャを司ったその人の島だった。僕らを覚えていたようで、目で挨拶を交わす。手招きされると、首紐付きのパスカードを渡された。Rがそれを指差して、得意げな様子。「ディス、カード、オール、オーケー！」。彼はいつだって自信満々だ。

　お調子者の弟子たちも健在だった。僕らの姿を認めると、チラムを掲げて吸うかと誘う。「オンリー、チャイ」。僕の言葉に、弟子たちは渋い顔をした。

　Rの言葉通りなら、パレードは4時半頃にはじまる。前回の反省を踏まえて、今日はパレードの流れに乗ろうと決めていた。まだ出発まで時間がある。しばし、歩こう。

　そう書いて、ふと思った。名越と僕は、待つということが出来ない性(さが)なのかもしれない。限られた11日間という焦り。もちろんある。落ち着きのない性格。ごもっとも。何より、待っていても何も起こらない。インドは動けば、何とかなる。歩けば、ぶち当たる。2006年。はじめてインドを転がってから、この信条は不変だ。

　話を元に戻そう。サドゥ銀座に足を向けると、往来は既に沸騰していた。体感的には前回と同等の人出。ただし、警備がより厳しくなった気がする。規制線の数が増えた。ここで絶大な効果を発揮したのが、先ほど渡されたパスカードだ。

　規制線の直前まで進む。制する警官にカードを指差す。「ヒー、イズ、マイ、グル」。警官はカードを確かめる。すると、難なく規制線を解いてくれる。グル・ジーはやはり、只者ではなかった。

　空の星が消えかけていた4時頃。Rの元に戻った。周辺のテントでは、出陣前の儀式が繰り広げられている。イタリア人のオバ様3人組

も、撮影に励んでいた。同好の士。こちらの存在に気がつくと、また微笑んでくれた。全裸のサドゥを眼前にして、彼女たちはどんな写真を撮っていたのだろう？

●

山車の主役は、もちろんグル・ジーだ。鼓笛隊が先導して、山車の周囲を支援者たちが囲む。皆、あのパスカードを首からぶら下げている。学生らしき若者から、腰の曲がった老婆まで。グル・ジーの支持層は広い。

キャンプKの宿泊者は山車の上に案内された。お客様、という扱い。僕と名越は断った。あくまでインド人の、ヒンドゥー教徒のための祝祭。巡礼者を見下ろす視点は頂けない。同じ目線で突っ込んで、巻き込まれるのみ。山車に乗る資格なんてないはずだ。

グル・ジーが玉座に座ってから、かなりの時間が経った。連なる山車の列は動かない。我慢できず、浮き橋の状況を見に行ったり、戻ったり。ここを離れる？名越も僕も、何度も口に出した。

6時を過ぎて、やっと山車が動きはじめた。歩くより遅いスピード。止まっては進んで、また止まる。警官と軍隊が作る人間の柵の向こう側。巡礼者たちが押し寄せて、玉座のグル御一行様に声援を送っている。

パレードの「外」からは見えなかった光景。違和感があった。声援を受けている場合じゃない。蝸牛（かたつむり）の行列に並ぶのは止めよう。動け。動け。動け。確信はなかったが、この流れにサドゥの大行進はないと判断した。

●

人間の柵とパレードの密集を縫って、走る。浮き橋の大渋滞を抜けて、前へ。メインの沐浴場に繋がる見通しがいい広場で、少数ながらサドゥの一団を発見した。

彼らを追いかけると、鉄パイプと木材で整備されたレーンにぶつかった。サドゥはノンストップでレーンの中に入っていく。流れで僕らも、と後に続くが、警官に止められた。パスカードの効果もなし。サドゥ専用レーン。巡礼者は立ち入り厳禁。鉄パイプの隙間から入ろうとすると、馬に乗った警官が飛んできた。

切り替えて、"サドゥが向かったであろう方角"に舵を取った。インドは行けば、何とかなる。何ともならなくても、何とかなる。信じて歩いた。走った。メインの沐浴場までは、もう少し。巡礼者がまず目指すべき場所。なのに、僕たちはまだ行ってない。まぁ、いいか。あとで寄れば……。

後ろ向きになりかけた、その時。遠くから、音にならない音が聞こえた。言葉を聞き取ることは出来ない。呻き声。叫び声。金切り声。

例えようのない、ただ声としか言えない音が、近づいてくる。

　来た。ついに来た。白い人間らしき塊。全裸のサドゥが迫ってきた。

　道いっぱいに広がって、全速前進のサドゥランニング。聖者の疾走が、右から左へ流れていく。沿道に詰めかけた巡礼者を押し分けて、最前線に立つ。サドゥと肩がぶつかる至近距離。興奮を抑える。僕らの狙いは、突っ込みたい。今じゃない。まだまだ。チャンスを伺う。

　行進が途絶えた刹那。思わず僕は叫んでいた。
「い、今だ、行ける。行け、い、行けぇッ!」
　前方に目をやると、名越はすでに「中」にいた。疾走するサドゥを軽やかに避けて、次々にシャッターを切っている。時には左手を上げて合図を送り、ニヤリと笑いながら、中へ、中へと突っ込んでいく。

　急いで名越の背中を追って、踏み出した。走る。前後左右に全裸のサドゥ。ぶつかる。揉まれる。スマホを90度回転したように、横だった視線が縦に切り替わる。すげぇ。無意識に声が出た。

　呼吸を整えようと、深く息を吸う。甘美で野性的な匂いが鼻をついた。聖なる灰を全身に塗りこんだサドゥの大集団。異界の香りが脳を揺らす。

　全裸の行進はカーブに差し掛かかり、徐々に減速して停滞した。足が止まる。現実と非現実の狭間で、我を取り戻す。裸の塊が解けていくと、サドゥの個々に目が誘われた。

　写真を撮ってくれとせがむ者。「ハリハリ!マハディ!」と叫び続ける者。年長者の手を取って安全を確保する者。横を向く。チラムに火をつけてマリファナを吸う者。コスプレにしか見えない者。振り返る。行列に割り込んでひたすら前を目指す者。仲間内で邪険に扱われる者。前を見る。でっぷり太ったスキンヘッドの巨体が、地団太を踏んで叫んでいる。そのすぐ後ろに名越はいた。

　足が止まって2分ほどで、行列は弾けて再び加速した。さぁ第2ラウンド、と息巻いた矢先に、名越が若手のサドゥにド突かれていた。

　目で合図を送った。ここが潮時。カーブの停滞から、次々にサドゥが飛び出してくる。呑み込まれて、良からぬことが起こらないとも限らない。機を見て、「外」を目指して急いだ。

　達成感というより、安堵の方が大きかった。別に、誰にも頼まれていない。「中」に突っ込んだからといって、ページが保障される訳でもない。名越と僕で、示し合わせてもいない。クンブメーラを目指した理由。爆発したい。そのための必要最低条件が、突撃だった。僕なりの

強迫観念が、少しは晴れたような気がした。

●

メインの沐浴場には、昼間の光が降り注いでいた。混雑、という言葉では足りない。身動きが取れない。圧死者が出てもおかしくない。そんな状況でも、インド人はマイペース。群衆の渦の中で、各々の時間が流れていた。

丸出しで川に飛び込む青年が、警官から無情の平手打ち。遅れて慌てた全裸のサドゥ。突き飛ばされた少女が泣いている。物乞いの兄弟は粘り腰。粉洗剤を乱暴にぶっかけて洗濯する母親。手を合わせて固まったままの老人。セルフィーに没頭する若いカップル。中年男子は、パンツ一丁で咥えタバコ。三世代家族が敷物広げて、カレーをがっつく。インドの、インド的な光景があちこちで展開されていた。

そんなシャッターチャンスを狙って、水辺には世界各国のカメラマンが勢ぞろい。ドローンが宙を舞う。上空には通信社のヘリコプター。敵わない。というより、僕らが撮りたいのはここじゃないと思った。「#kumbh」で検索すると、タイムラインに流れるイメージの連続。

早々に退散しよう。そう決めて川に背を向けると、先を行く名越が、グラッと横に倒れかけた。瞬間の状況は人混みでよく見えなかった。長髪をゴムで束ねた筋肉隆々のサドゥが、後ろ向きに名越を睨みつけている。

著名なグルが沐浴にやってくると、お付きのサドゥたちが巡礼者を蹴散らす。そこに一切の手加減はない。俺たちのための沐浴場だと言わんばかりに、グルのために力づく。強引に道を切り拓いていく。名越は運悪く、そのレッドカーペットの延長線上にいた。

密集地帯を抜け出して、合流した名越は笑った。

「サドゥチョップを喰らいましたよ。それも2発。いやぁ、最高やないですか！」

豹変した聖者
DAY1 ⑩ | サンガム | 2019年2月11日

深夜3時過ぎに起きる。昨日、Rと約束していた。プージャが行われた火葬場に連れていってほしい。わかった、4時出発だ。冷え切った朝方。焚火場に移動してRを待ったが、太陽が顔を出しても、Rは姿を現さなかった。

アラハバードを離れるのは明後日。チャンスはまだ2回ある。焦るな。インドはあちらからやってくる。その時を待て。いつものチャイ屋で一服。朝食の時間まで二度寝した。

さて、今日はどうしましょうか。これまでの撮影を名越と振り返り、動き方を考えた。祭の風景はかなり撮れている。それ以外。出発前に

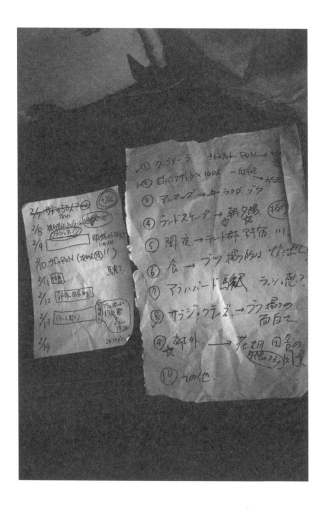

作ったリストを見返す。いわゆる、日常が見たい。クンブメーラエリアから離れて、アラハバードの"普通"を探すことにした。

　サンガムの沐浴場に続く道。川沿いの通りを、一本中に入ってみた。平日の午前中。路地に人影は少なかった。レンガ造りの家が連なる、インドでよく見かける住宅街の風景。

　子犬たちが軒先で戯れている。カラフルな野鳥が雑穀をついばむ。野良牛は置きもののように動かない。薄汚れたニワトリ。猿の一群が、猛スピードで駆け抜けていった。

　群衆に慣れた目と足が、喜んでいる。穏やかなスナップ道中。昼過ぎ、例のチョーメン屋に寄ってから、また裏道を歩いた。

　この日、滞在して一番の夕焼けがサンガムの空を染めた。真っ赤に燃える太陽。これを拝むには、やっぱりあそこしかない。メインの沐浴場を見下ろす一等地。ミスター・サンガムを訪ねることにした。

　どうも様子がおかしかった。警官たちが、あばら屋を取り囲んでいる。野次馬も続々。その中心で、ミスター・サンガムが木の棒をぶん回して、威嚇している。賢者然とした、あの落ち着いた彼とは別人だった。獣のような唸り声を上げて、肩で息をしている。

　しばらくして、警官は立ち去った。呆気に取られていた僕らに、ミスター・サンガムが気づいたようだ。一瞬、バツの悪そうな表情を浮かべる。ナマステ・ジー。挨拶して土産のお菓子を差し出すと、口元だけが笑っていた。事情を聞いても、要領を得ない。血走った眼で、ブツブツ何かを呟き続けていた。

　夕陽を拝もう、なんて気は失せていた。チャイに口をつけて間もなく。ミスター・サンガムにまた来るよ、と別れを告げて、オートリキシャを捕まえた。

　帰路。ミスター・サンガムの我を失った顔が浮かんだ。そう言えば、子どもの姿がなかった。それがどう関わっているのか、知る由もない。殺気立った雰囲気。ただごとじゃないのは伝わった。

　絶対に譲れないものに触れられたら、聖者でなんていられない。サドゥも人間。いや、人間より人間らしい、喜怒哀楽の生命体。そんなことを、賢者の豹変が教えてくれた気がする。だからこそ僕は、より強く惹かれてしまうのだ。サドゥという存在に。

焚　火　の　後　始　末
DAY ⑪ ｜ サンガム ｜ 2019年2月12日

　Rはまた、すっぽかした。「トゥモロー、4AM、

オーケー?」。キャンプKで、何度も念を押したはずなのに。心底、Rを恨んだ。この日は、絶好のコンディション。深い霧の影響で、5メートル先が見えない。目の前は真っ白。火葬場と、その周辺を狙うには願ってもない天候だった。

待つのは止めて、霧の中を歩いた。時折、竹ボウキで路上の掃除に励むご婦人とすれ違う。テント村の明かりは消えている。LEDの外灯。白っぽい光が霧の中に溶けて、輝きを失う。いつもの風景。その輪郭は完全に溶けていた。

黄泉の国を感じる。サンガムに来てから何度もそんな瞬間があったが、この時は格別だった。白い靄の中に吸い込まれる。歩いているのか、浮いているのか。不思議な感覚。6時過ぎ。雲の隙間から太陽が覗くと、あの世は静かに雲散霧消した。

テントが撤去されて、更地が増えている。往来の巡礼者は帰り支度。街頭スピーカーから流れる大音量のマントラが、虚しく響いている。祭の終わり。2010年、ハリドワールで味わったあの空気が漂いはじめていた。

サドゥ銀座も同じで、多くのテントが畳まれていた。点々とある焚火の後始末が、終わりのシーンを演出する。後になって知ったが、9日の入浴日を経て、サドゥの多くはバラナシに移動した。また別のパレードが、3月に彼の地で控えていたからだ。サドゥは案外、忙しい。

あのインドのロックスター。火バサミのサドゥ。スティーブン・タイラーのテントを尋ねたが、もぬけの殻だった。サドゥとの交わりは、一期一会。寂しそうで、嬉しそうで、怒って、最後は笑顔で見送ってくれたタイラー。今もどこかで、火バサミをカチカチ。達者で暮らしていることを願う。

境 界 線 に 立 つ
DAY ⑫ | サンガム | 2019年2月13日

三度目の正直を期待した早朝4時。Rは三度、姿を現さなかったが、若い従業員が車を用意していた。昨日ほど濃くはないものの、霧が立ち込めている。

車内には、彼のスマホからヒップホップが流れている。コテコテのバングラビートで、鼻歌混じりの運転手。道中、人の姿はない。すれ違う車もない。クンブメーラに寄り添う街は、まだ眠りの底にいるようだった。

火葬場に着いた。敵意をむき出した野良犬たちは、まだ夢の中。川沿いでは、祈りの光景が小さく広がっている。運転手に話を振ると、どうやら外からの巡礼者ではないらしい。この地に住むヒンドゥー教徒の日常。お香が燃えて、

マリーゴールドの花が供えられている。手を合わせて、川に浸かって目を閉じる。その姿は荘厳で、思わず手を合わせたくなるほど、美しかった。

川沿いを歩く。真夜中のプージャ。闇に沈んでいた火葬場の景色は、また別の場所ではないかと錯覚させた。祈り人たちの残骸。枯れた花や布などが点々と捨てられて、川肌は黒ずんでいた。一見すると、ゴミ捨て場。しかしながら、霧に包まれて、現実離れした雰囲気が漂っている。ここにもまた、黄泉の国が立ち現れていた。

投網を修繕する男たちの一群とすれ違う。その中の一人が声を掛けてきた。ボートに乗らないか。ふたつ返事で了承する。岸辺には、古びた木造の手漕ぎボートが停泊してあった。連れられて乗り込むと、音のない川に漕ぎ出した。

霧が濃くなってきた。ボートは流れの反対をゆっくり進む。漁師だと思われる漕ぎ手は、黙々とオールを回す。会話はない。オールで攪拌された水の音と、名越のシャッター音だけが聞こえる。

対岸が見えてきた。だだっ広い砂浜が広がっている。遠くで光が揺れていた。ゆっくり近づくと、腰巻だけの痩せ細った男が、焚火で暖を取っている。思わず声を掛けようとしたが、目で制された気がした。

一筋の光が川面に反射した。それが呼び水になったのか、霧が晴れてきた。対岸に船を寄せて、砂浜に降り立つ。火葬場の方を見ると、祈り人が増えていた。漁師の舟が、何艘かが波の上に浮かんでいる。また今日も、当たり前の一日がはじまる。川を挟んだあちらと、こちら。あの世と、この世。死と、生。こう書いてしまうと、白々しくなってしまうかもしれない。だけど、あの瞬間の僕は、境界線に立っていた。そんな自分を、勝手に妄想していただけだとしても。

グル・ジーに導かれたプージャが蘇る。頭を過ぎった父と母。いつか名越が撮影してくれた、父と母と僕が3人で写った最後の写真。ポケットに忍ばせていたその一枚を、誰にも気がつかれぬよう、そっと川に流した。

◉

デリー行きの国内線は満席だった。遅れるとアナウンスされていたエアインディア404便は、定刻通りに出発。着席と同時に寝落ちして、目が覚めたらインディラ・ガンディー空港に到着していた。

デリーに戻ったら、真っ先に肉だと決めていた。チャイとチョーメンで空腹を凌いだサンガムの11日間。体の全細胞が肉を欲していた。アラハバードではずっと不機嫌だったポケットwi-fiが、ここに来て復活。「デリー」「オススメ」「肉」で検索して、ヒットした適当なレストランに入った。

20時過ぎの夜ごはん時。店内は賑わっていた。メニューのワインリストには、一本3000ルピー超えの高級ワインが並ぶ。ビールは一杯250ルピー。価格感は日本とそんなに変わらない。屋台生活に慣れた金銭感覚が、少しだけ騒ついた。

　牛肉は残念ながらメニューになかったので、チキンステーキを注文した。熱々の鉄板でグリルされた分厚い鶏肉。付け合わせの野菜が、はみ出さんばかりに盛られている。一口食べて、胃が歓喜しているのがわかった。味付けが濃い。粗挽きの胡椒が後を引いて、ビールが進む。ただ、あまりのボリュームで、最後まで食べきることは出来なかった。

　隣のテーブルに目をやると、30歳前後のカップルが鉄板グルリに夢中だった。彼氏は体重が120キロはありそうな大男。仕立ての良さそうなYシャツを、スラックスにインしている。でっぷり突き出したお腹が、テーブルの下で窮屈そうだった。

　彼女はブランドのロゴが入ったシャツとタイトなスカート。髪の毛が丁寧にセットされ、首元にはシルバーのネックレスが光っていた。二人の佇まいは、六本木辺りを歩いている、小金持ちと港区系女子のカップルを思わせた。

　大男が注文した2枚目の鉄板が運ばれてきた。港区系はすっかり黙り込んでいる。ワイン片手に、がっつく大男。上の空の港区系。時折、ワインを勧める男。声も出さずに、ジェスチャーだけで断る港区系。大男はペロリと肉を食べきり、野菜を追加でオーダーしていた。

　カップルの姿を見て、ふと思った。彼らはクンブメーラが開催されていることを、知っているのだろうか？

カケダのカレー
DAY ⑬ ｜ ニューデリー ｜ 2019年2月14日

　東日本大震災の約2か月前、藤原新也さんの連載「書行無情」（『週刊プレイボーイ』2010〜2011年）の企画でインドに飛んだ。帰国直前に、「カケダホテル」でカレーを食べた記憶が蘇る。今回もまた、〆はここに決めた。バターチキンカレーと、羊のブレインカレー。問答無用に美味い。

　学生時代に藤原さんの『全東洋街道』を読んで、編集者を志した。いつかあんな本に携われたら。思いは思いのままで、ここまでズルズル来てしまった。そう言えば、藤原さんはインドで、野良山羊を素手で抱きかかえていた。無言で忍び寄り、背後からヒョイっと。インド道を突き詰める。僕にはまだまだ、時間がかかりそうだ。

クンブメーラの驚異

東京　2019年春

　帰国してすぐ、名越に立て替えてもらった5万円に、少しだけ利子を付けて返金した。

　3週間はサンガム咳が続いた。市販の咳止めや風邪薬を飲んでも、まるで効果なし。体重計に乗ると、体重が8キロ近く落ちていた。今後、ダイエットを試みる人には、クンブメーラ合宿をお勧めすることにしよう。

　名越とインドを転がって三度目。ようやく週刊誌のページにすることが出来た。カラーで4ページ。タイトルは、「突撃！クンブメーラ　INDIA聖者の行進」。デザイナーの町口景に、白バックで撮影したサドゥのコラージュを依頼。サドゥの行進、群衆、沐浴場、パレードの写真4枚を使って、ページを組んだ。原稿は、あのカップルを思い出しながら次のように締めた。

◉

　経済成長や生活環境の改善によって、この国は大きく変わろうとしている。ヒンドゥー教にとらわれない生き方をする富裕層が増え、サドゥの数は減少傾向にあるという。しかしながら、クンブメーラに突撃して、改めて実感した。インドは、インドだ。経済や効率では計り知れない、もっと大きな何かが、インドには絶対的にある。

◉

　インドは、インドだ——。眼前に広がるサンガムのテント群を見て、途方に暮れた記憶。押し寄せる巡礼者は、どこを目指して歩いているのだろうか？　そして、僕らも。

とにかく歩いた。すれ違う巡礼者も歩き続けていた。日が昇ってから、落ちるまで。朝も、昼も、夜も。もちろん、沐浴場を目指して。あるいは、宿泊予定のテントを探して。サドゥの疾走に突っ込むために。何かがあると信じて、歩き回った。

　群衆心理も多分に働くのだろう。人間の洪水に呑み込まれると、得体のしれない大きなものと繋がっているような錯覚を覚えた。
　クンブメーラは、インドの"インド的な要素"を凝縮した祭である。インド全土から集まった一億人の巡礼者たち。彼らは、クンブメーラという怪物を循環する、血中の細胞だと考えられないだろうか。すなわち、インドという国で生きている。その連帯感を強烈に意識させるエネルギーこそが、クンブメーラの驚異だ。だから、巡礼者は歩き続ける。絶対的で揺るぎない、安心感を求めて。

　同時に感じた、常ならぬ者への憧れ。世を捨て、放浪するサドゥたち。白バックを通した邂逅(かいこう)には、喜怒哀楽の爆発があった。嘘も、真も、善も、悪も、良いも、悪いも、すべて呑み込んで。正邪の彼岸に生きる、聖者の疾走を見た。一歩踏み出して、並んで走った。

　今、改めて胸に刻んでおきたい。

生きてりゃ、何とかなる。

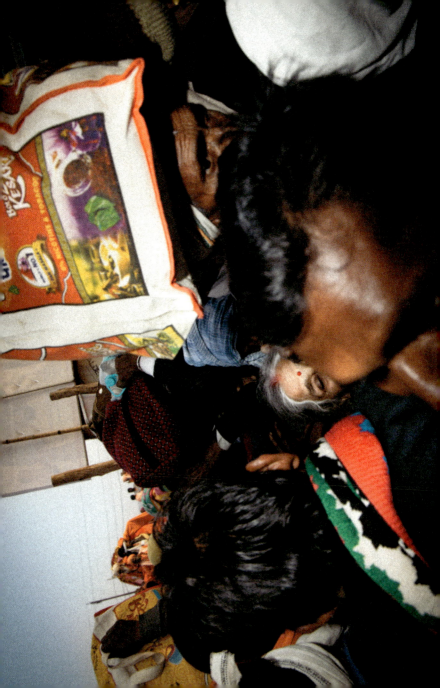

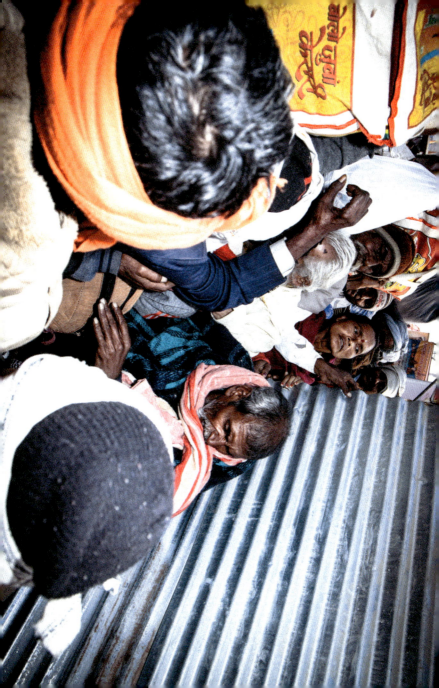

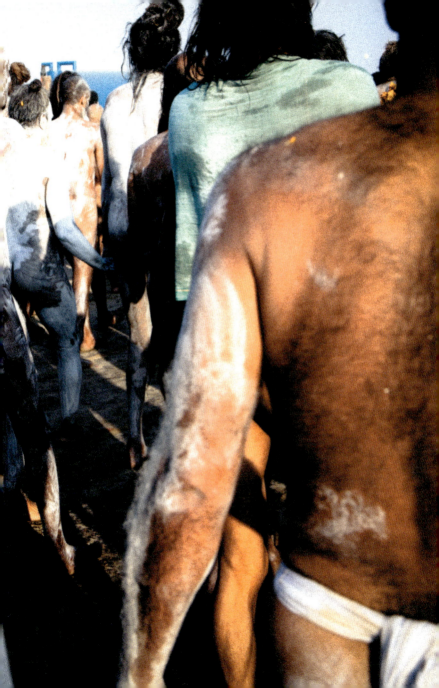

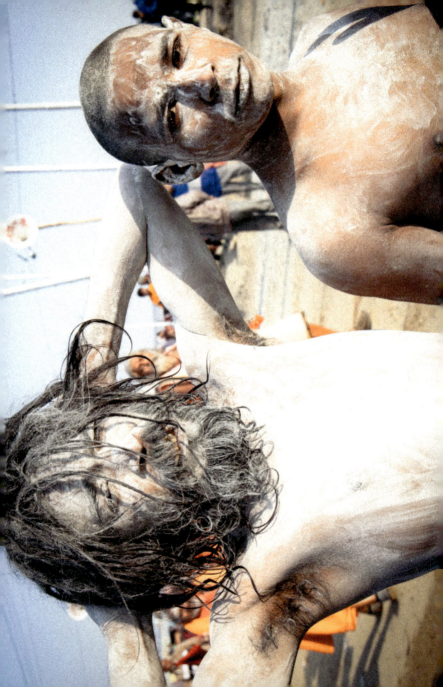

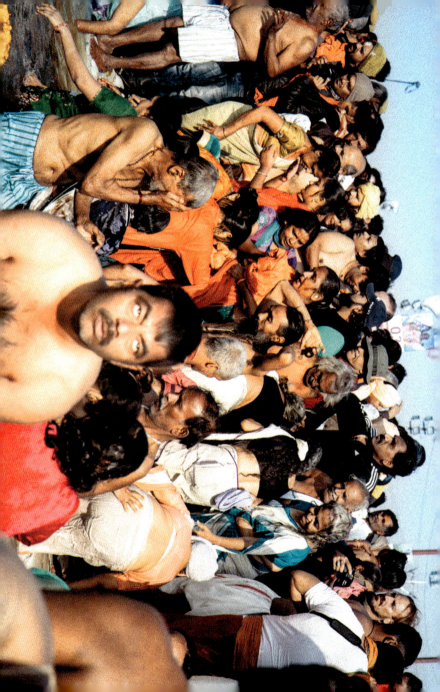

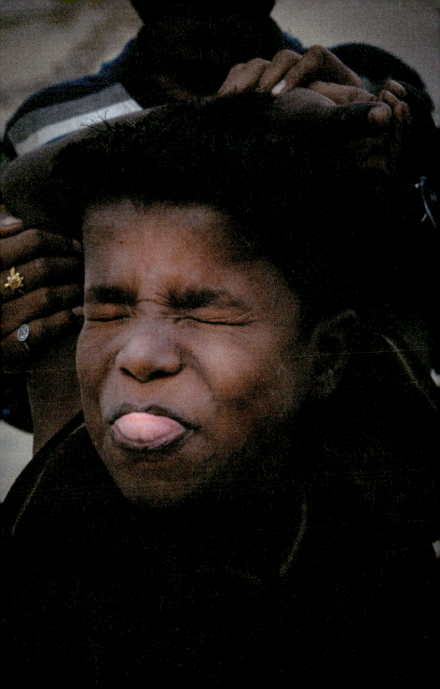

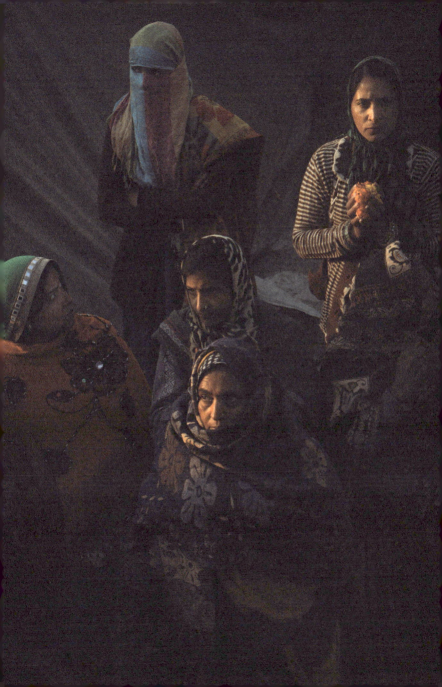

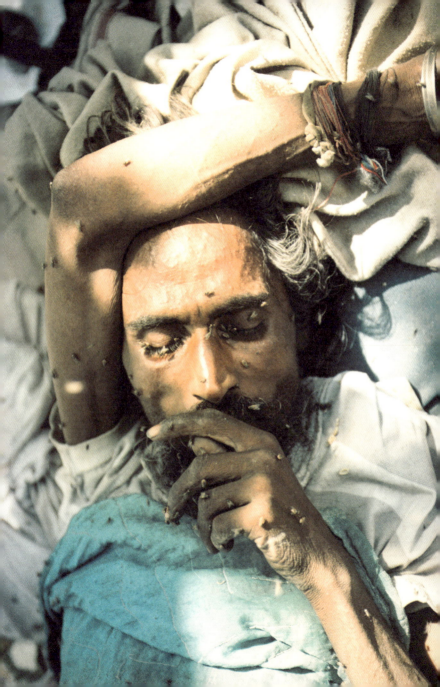

祭のあと

　週刊誌の記事が発売されて、望外にも書籍化の話が進んだ。その旨を名越に伝えた時、彼はアメリカにいた。貨物列車に飛び乗って旅する、トレインホッピングの最中。荷台に座る、自身のブーツを写した写真が送られてきた。転がり続けている。名越もまた、バガボンドのひとり。これまでも、これからもきっと、そうあり続けるに違いない。

　原稿は、現地で残したメモと名越の写真、ハンディカムの映像を何度も見直しながらまとめた。事実と時系列のすり合わせ。ハンディカムに完全に救われた。ちなみに、番組に映像を提供する話は、今をもって濃い霧に包まれたまま。

　撮影した映像は7時間ほど。映像の量に比例して、原稿量に幅が出たのはご容赦願いたい。「DAY10」以降は、ほとんど回していなかったことを告白する。

　本文中のカッコ書き。カタカナ英語は、名越と僕の英語力とほぼイコールである。これでわかって頂けるでしょう。インドは行けば、何とかなる。もちろん、あなたも。

●

　週刊誌の、それも他社の編集者に対して。想定外の身に余る機会を与えて頂いた、イースト・プレスの圓尾公佑さんに感謝致します。デザイナーの町口景さんは羅針盤でした。インドに飛ぶ前から、あなたの掌で踊らせてもらった気がしてなりません。そして、名越啓介さん。次はどこ行きましょうか。やっぱりまた、インドですかね？

　置かれた場所で咲くのは、美しい。でも、根をぶっちぎって、漂いたいと願うのは自由だ。それはきっと、会社にいても出来るし、どんな仕事だろうと関係ない。いつだっていい。何かを成そうなんて思わなくても。誰かのためではなくて、自分のために。やっちゃえばいいのだ。

　そんなこと言っちゃってさぁ……またウジウジ悩んで、踏み出せない毎日が続いているけれども。

近田拓郎

やっぱりインドは、わからない　名越啓介

2014年 イタリア・ローマ

名越啓介（なごし・けいすけ）

1977年、奈良県生まれ。大阪芸術大学卒業。19歳で単身渡米し、スクワッター（不法占拠者）で共同生活をしながら撮影。その後、アジア各国を巡り『EXCUSE ME』で写真家デビュー。雑誌やカタログなどで活躍する一方、『SMOKEY MOUNTAIN』、『CHICANO』、『BLUE FIRE』などを発表。2018年に『Familia 保見団地』で写真の会賞を受賞。

近田拓郎（ちかだ・たくろう）

1981年、愛知県生まれ。早稲田大学卒業。2006年、集英社に入社。『週刊プレイボーイ』に配属される。以後、グラビア班に籍を置いて活動。

バガボンド　インド・クンブメーラ 聖者の疾走

2019年8月8日　初版第1刷発行

写真 —— 名越啓介
文 —— 近田拓郎

デザイン —— 町口景（MATCH and Company Co., Ltd.）
編集 —— 圓尾公佑

Special Thanks:

岩井祐二、加勢友重、川辺孝一、栗山倫佳、西村カメラ、藤木洋介、インドのみなさん

発行人 —— 堅田浩二
発行所 —— 株式会社イースト・プレス
　　　　　東京都千代田区神田神保町2-4-7 久月神田ビル
　　　　　TEL. 03-5213-4700
　　　　　FAX. 03-5213-4701
　　　　　http://www.eastpress.co.jp/

印刷所 —— 中央精版印刷株式会社

ISBN978-4-7816-1808-1
© Keisuke Nagoshi, Takuro Chikada 2019
Printed in Japan